LES HÉROS TOMBÉS:

Les Dirigeants Africains dont les Assassinats ont Désorganisé
le Continent et ont Profité aux Intérêts Etrangers

Janvier Tchouteu

TISI BOOKS

NEW YORK, RALEIGH, LONDON, AMSTERDAM

Les Titres de Non-Fiction de Janvier T. Chando

ICÔNES ET SCÉLÉRATS: Les Assassinats Politiques Récents qui ont Transformé les Pays…
LES HÉROS TOMBÉS: Les Dirigeants Africains dont les Assassinat sont Désorganisé…
CAMEROUN: Le Système de Marionnettes Dysfonctionnel de la France…
UKRAINE: Le Bras de Fer entre la Russie et l'Occident
LE CAMEROUN: Le Cœur Hanté de l'Afrique

Les Titres Fiction par Janvier Chando

The Usurper: et Autres Histoires
Agent Triple, Double Croix
Les Disciples de Fortune
L'Union Moujik
Le Flash du Soleil
L'Appel de Fortune
Le Maître de Fortune
Les enfants de Fortune
La Fille sur le Sentier
La Légende du Feu et de la Glace
La Plus Douce Folie
Les Grand-mères
L'Incendie de la Faim
Moi avant Eux
Le Père et les Fils
Les Médecins
Les Teintes Sombres
Liens Fatidique
Le Verdict de l'Hadès
Le Procès de Sa Majesté
La Folie de Ngoko
L'Usurpateur
Le Dot
Je suis Détesté
Le Lourdaud

Les Nouveaux Titres de Janvier Chando

Le Faucon Blanc
Les Amis Mortels
Les Ours de Norilsk
La Dérive à la Maison

LES HÉROS TOMBÉS:

Les Dirigeants Africains dont les Assassinats ont Désorganisé
le Continent et ont Profité aux Intérêts Etrangers
Copyright © 2020 by Janvier Tchouteu

ISBN-13: 979-8-61-832183-9
ISBN-10: 8-61-832183-4

PUBLIÉ PAR TISI BOOKS
www.tisibooks.com

NEW YORK, RALEIGH, LONDRES, AMSTERDAM

Imprimé aux États-Unis d'Amérique

EPIGRAPHE

« Le destin est quelque chose que nous pouvons seulement contempler; mais le sort, nous pouvons influencer. »
—CHRISTOPHER NKWAYEP-CHANDO

REMERCIEMENTS

Mes remerciements les plus profonds, les plus chaleureux et les éternels remerciements au Dr. Samuel F. Tchwenko et à Christopher N. Chando pour m'avoir mis au défi du chemin de l'amélioration de l'humanité.

DÉVOUEMENT

Le livre est dédié à tous les leaders emblématiques et légendaires de l'Afrique dont les objectifs étaient de servir leur peuple et l'humanité, et de faire progresser le bien-être de l'humanité, en particulier les dirigeants Africains qui ont été privés de leurs missions historiques.

LES HÉROS TOMBÉS:

Les Dirigeants Africains dont les Assassinats ont Désorganisé le Continent et ont profité aux Intérêts Etrangers

DES MATIÈRES

LES CARTES

La Carte Politique de l'Afrique

La Carte de Partition de l'Afrique: 1884-1914

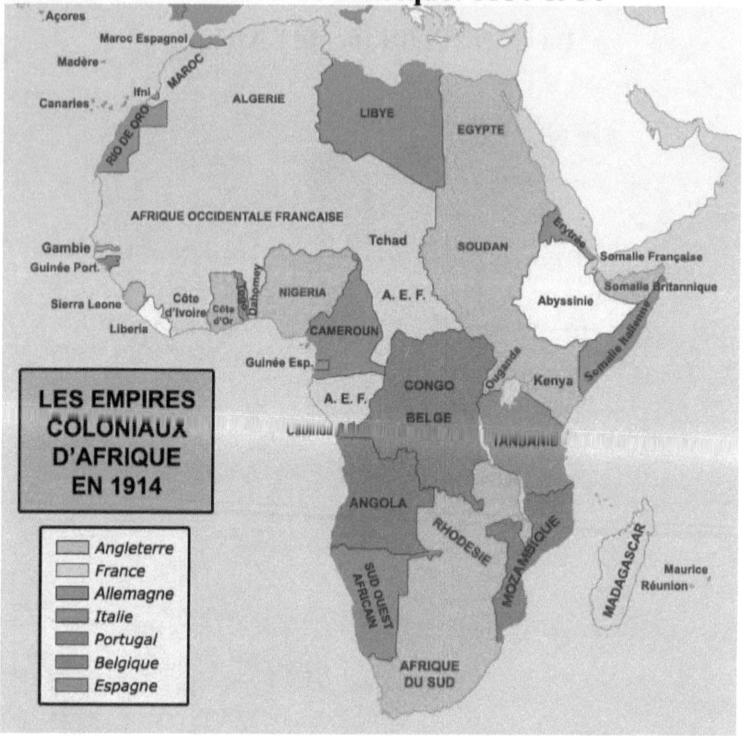

Açores
Maroc Espagnol
Madère
Ifni
MAROC
Canaries
ALGERIE
LIBYE
EGYPTE
RIO DE ORO
AFRIQUE OCCIDENTALE FRANCAISE
Tchad
SOUDAN
Erythrée
Gambie
Guinée Port.
Somalie Française
Somalie Britannique
Côte d'Ivoire
Côte d'Or
Dahomey
NIGERIA
A. E. F.
Abyssinie
Sierra Leone
Liberia
CAMEROUN
Guinée Esp.
Ouganda
Kenya
Somalie Italienne
CONGO BELGE
A. E. F.
Cabinda
TANGANIKA
ANGOLA
RHODESIE
MOZAMBIQUE
MADAGASCAR
Maurice
Réunion
SUD OUEST AFRICAIN
AFRIQUE DU SUD

LES EMPIRES COLONIAUX D'AFRIQUE EN 1914

- Angleterre
- France
- Allemagne
- Italie
- Portugal
- Belgique
- Espagne

LES RESSOURCES NATURELLES DE L'AFRIQUE

Une part importante des ressources naturelles de la planète se trouve dans le sol des pays africains : un espoir pour l'avenir du continent

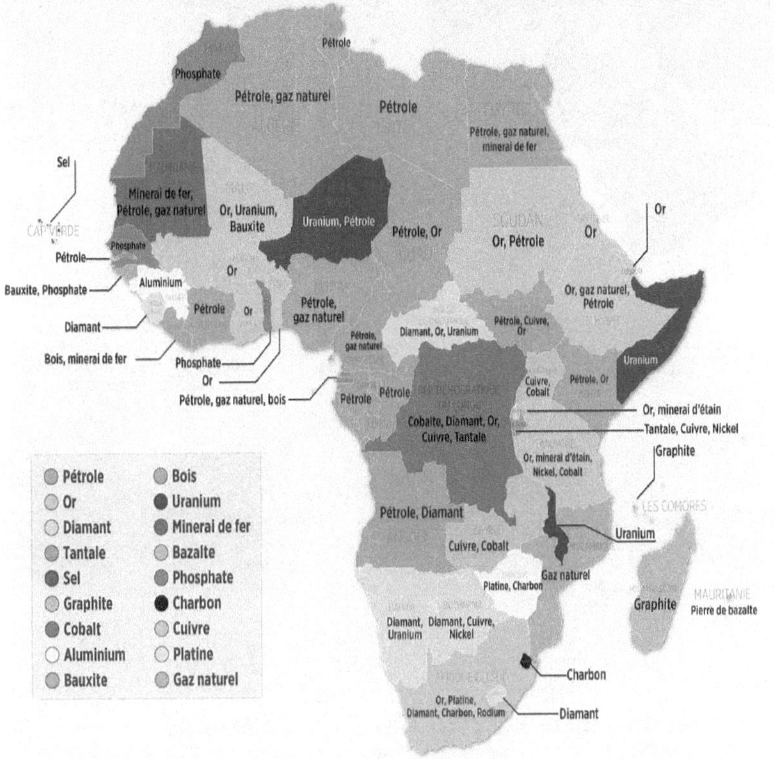

Légende

Pétrole	Bois
Or	Uranium
Diamant	Minerai de fer
Tantale	Bazalte
Sel	Phosphate
Graphite	Charbon
Cobalt	Cuivre
Aluminium	Platine
Bauxite	Gaz naturel

- Le continent compte de nombreux minerais nécessaires pour la fabrication de ombreux produits que nous utilisons tous les jours, comme le pétrole, le gaz naturel, les diamants, l'or, l'uranium, le cobalt, le platine, le fer, le cuivre ou encore le tantale

- L'Afrique, dont les ressources ont longtemps été exploitées par les pays colonisateurs, fait aujourd'hui l'objet des convoitises des grandes sociétés qui veulent accéder à ces richesses naturelles

Le Classement de la Démocratie des Pays Africains

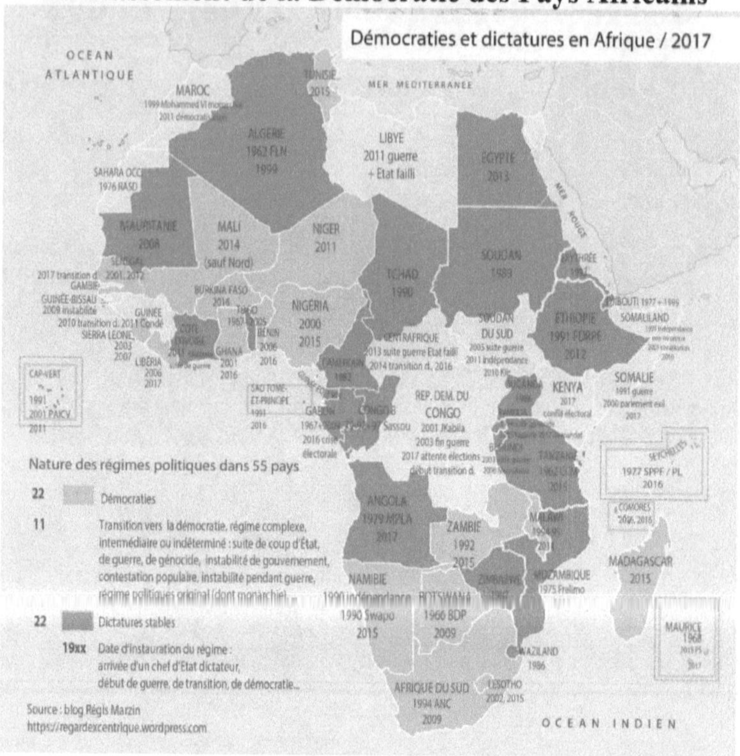

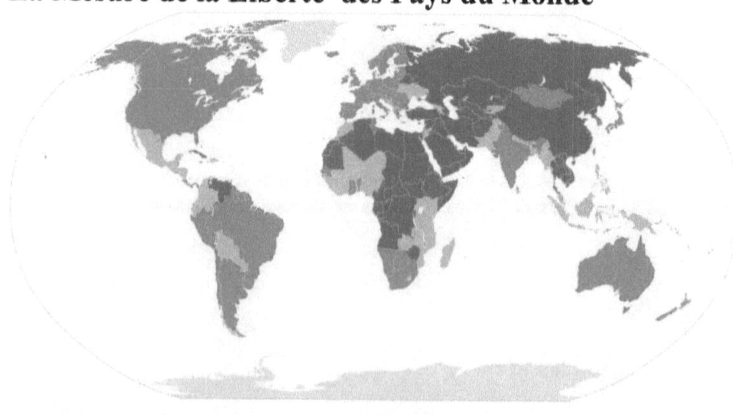

La Mesure de la Liberté des Pays du Monde

Libre Partiellement Libre Pas Libre

L'utilisation d'assassinats politiques contre les principaux dirigeants des mouvements de libération a eu un impact majeur sur le cours de l'histoire en Afrique et au Moyen-Orient. Non seulement certains des plus grands dirigeants du tiers monde ont été tués, mais l'espoir de changement politique qu'ils ont incarné a également été tué.

—Victoria Brittain

INTRODUCTION

Aucun continent n'a subi les terribles effets de l'esclavage autant que l'Afrique, aucun continent n'a été ravagé par le colonialisme autant que la terre qui est le berceau de la civilisation, et aucun continent n'a été exploité et n'est exploité comme le deuxième plus grand et le deuxième continent peuplé. Quand on prend en compte le fait que le continent Africain est plus doté en ressources que les autres, quand la dure réalité nous frappe c'est qu'il est le moins développé des principales étendues de terres continues du monde, et quand on observe qu'il est hanté par une déconnexion incroyable entre les élites dirigeantes et les masses, nous nous trouvons alors confrontés à de nombreuses des questions incontournables telles que:

- Pourquoi l'état des affaires en Afrique est si pathétique?
- Le continent est-il incapable de trouver des leaders qui sont capables de sortir de son impasse actuelle et de son vain consensus et l'amener sur un avenir qui ferait avancer le bien-être du peuple Africain?
- Les pan-Africanistes (des Africains dévoués au bien-être et au développement de la terre et de ses habitants) sont-ils capables de démanteler les forces qui contrôlent les marionnettes Africaines et de réaliser la réalité d'une «Afrique Nouvelle» qui est

économiquement unie, politiquement intégré et qui contrôle sa souveraineté?

Le premier paragraphe répond en quelque sorte à la première question. Les deuxième et troisième questions sont affirmatives pour des raisons évidentes. Les dirigeants pan-Africanistes ont dominé l'histoire de l'Afrique dans les années 1950 et 1960, et beaucoup d'entre eux ont été tués par les puissances coloniales et les anciennes puissances coloniales ou leurs agents. En fait, six chefs Africains pour l'indépendance ont été assassinés par leurs dirigeants ex-coloniaux entre 1961 et 1973.

N'est-ce pas que c'est tristement vrai, la liste des dirigeants assassinés des mouvements indépendantistes Africains et les histoires derrière leurs morts ou leurs assassinats feraient un best-seller d'espionnage.

Le premier grand test de tuer le leader d'un mouvement indépendantiste Africain a commencé au Cameroun à la suite du retour au pouvoir du général Charles De Gaulle en France en Juin 1958. Nous parlons ici de l'assassinat de Ruben Um Nyobe le 13 Septembre 1958 de l'Union des Populations du Cameroun (UPC) — un parti politique civique-nationaliste fondée en 1948 et interdite en 1955 par la France—qui cherchait la réunification et l'indépendance du Cameroun Français et du Cameroon Britannique (territoires de l'ancien Kamerun Allemand qui était partitionné entre la France et la Grande-Bretagne après la défaite de l'Allemagne au Premier Guerre Mondiale).

Le meurtre politique horrible d'Um Nyobe a été suivi deux ans plus tard par l'assassinat de son successeur, le Dr

Félix Moumié, décédé à Genève, en Suisse, le 3 Novembre 1960, d'un empoisonnement au thallium administré par l'agent secret Français William Bechtel.

Ensuite, il y aurait Patrice Lumumba, le premier ministre du Congo qui était nouvellement indépendant, l'ancien Congo Belge qui était cruellement ravi de 1885 à 1908, quand le territoire était connu sous le nom de «L'État libre du Congo»—C'était essentiellement la possession privée du roi belge Léopold II. Plus de la moitié de la population de «l'État libre du Congo» est morte des effets de l'exploitation des ressources de la terre. La mort de Lumumba impliquant quatre grands pays occidentaux et leurs agents au Congo a causé la maladie chronique de ce pays, qui, comme le Cameroun, n'a pas encore récupéré.

Sylvanus Olympio, le chef du Togo serait tué en 1963, à peine deux ans après l'assassinat de Patrice Lumumba.

La mort de Sylvanus Olympio sera suivie peu après par celle de Mehdi Ben Barka, le leader du mouvement d'opposition marocain qui s'est fait enlever en France en 1965, n'a jamais été libéré et dont le corps n'a pas été retrouvé depuis.

Eduardo Mondlane, le chef du Frelimo mozambicain, qui luttait pour l'indépendance de la colonie contre la domination portugaise, mourrait d'un colis piégé en 1969.

L'assassinat en 1973 d'Amilcar Cabral, le chef du Parti Africain pour l'indépendance de la Guinée et du Cap-Vert (PAIGC), le mouvement de libération Ouest-Africain contre la domination coloniale portugaise en Guinée-Bissau et au Cap Verde, annoncerait la transition vers une nouvelle phase de néo-colonialisme dominée par les dictateurs fantoches du continent qui seraient confrontés à peu ou pas de recul de la pan-Africanistes, sauf dans le cas de la Guinée Bissau, l'Angola, le Mozambique, la Namibie et l'Afrique du Sud sous la domination coloniale portugaise et sous Apartheid en Afrique du Sud respectivement.

L'Afrique a connu plusieurs autres assassinats au cours des six dernières décennies. Cependant, ceux ci-dessous ont été les plus réverbérants, avec des conséquences inattendues comme l'héritage de ces héros Africains abattus se développent tous les jours pour devenir la base pour la renaissance du pan-Africanisme, l'idéal qui devrait conduire à l'union économique et l'intégration politique de l'Afrique.

Chapitre Un

"La Syrie est déjà assez grave, c'est une atrocité assez terrible. Mais il y en a bien pire dans le monde. Ainsi, par exemple, les pires atrocités de la dernière décennie se sont déroulées au Congo, dans l'est du Congo, où peut-être 5 millions de personnes ont été tuées.»
Noam Chomsky — *8 Octobre 2013*

Patrice Lumumba

Les Citations de Patrice Lumumba

« Les colonialistes ne se soucient pas de l'Afrique pour elle-même. Ils sont attirés par les richesses Africaines et leurs actions sont guidées par le désir de préserver leurs intérêts en Afrique contre les vœux du peuple Africain. Pour les colonialistes, tous les moyens sont bons s'ils les aident à posséder ces richesses. »

«Le jour viendra où l'histoire parlera. Mais ce ne sera pas l'histoire qui sera enseignée à Bruxelles, Paris, Washington ou aux Nations Unies ... L'Afrique écrira sa propre histoire et, tant au Nord qu'au Sud, ce sera une histoire de gloire et de dignité. »

«L'indépendance politique n'a pas de sens si elle ne s'accompagne pas d'un développement économique et social rapide. »

« Sans dignité il n'y a pas de liberté, sans justice il n'y a pas de dignité, et sans indépendance il n'y a pas d'hommes libres. »

« Un minimum de confort est nécessaire pour la pratique de la vertu. »

« La seule chose que nous voulions pour notre pays, c'est le droit à une vie digne, à la dignité sans prétention, à l'indépendance sans restriction. Ce n'était jamais le désir des colonialistes Belges et de leurs alliés occidentaux. »

« Ces divisions, que les puissances coloniales ont toujours exploitées pour mieux nous dominer, ont joué un rôle important — et jouent encore ce rôle — dans le suicide de l'Afrique. »

« Nous savons que l'Afrique n'est ni Française, ni Britannique, ni Américaine, ni russe, qu'elle est Africaine. Nous connaissons les objets de l'Occident. Hier, ils nous ont divisés au niveau d'une tribu, d'un clan et d'un village ... Ils veulent créer des blocs antagonistes, des satellites…»

« Personne n'est parfait dans ce monde imparfait. »

« L'unité et la solidarité Africaines ne sont plus des rêves. Ils doivent être exprimés dans les décisions. »

« La libération de l'esprit du peuple africain sera une bataille plus difficile que l'éradication des régimes coloniaux des colons. »

L'Ancien Congo Belge (Congo Kinshasa) sur la carte du monde

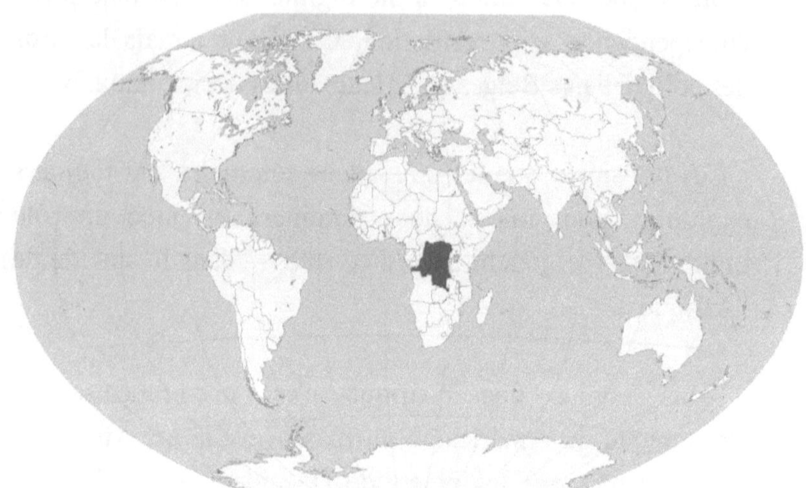

Les Ressources Naturelles de la Région d'Afrique Centrale

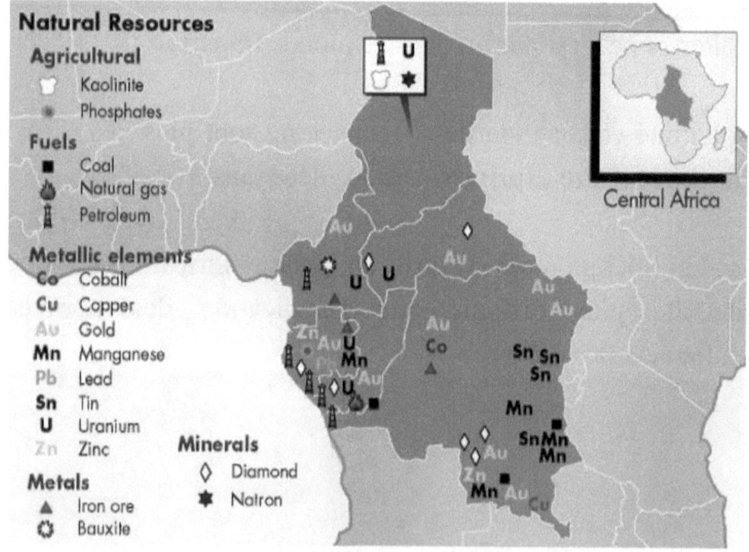

Carte Administrative du Congo (1960)

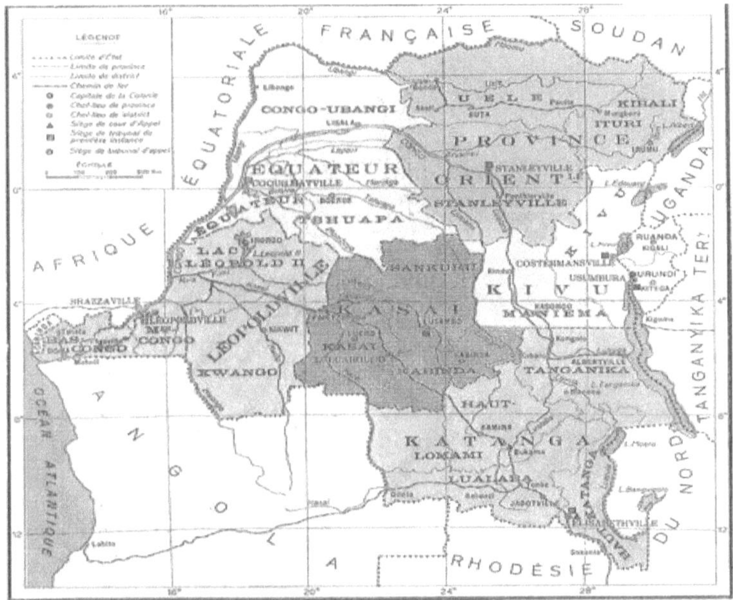

Carte Administrative de la République Démocratique du Congo (2019)

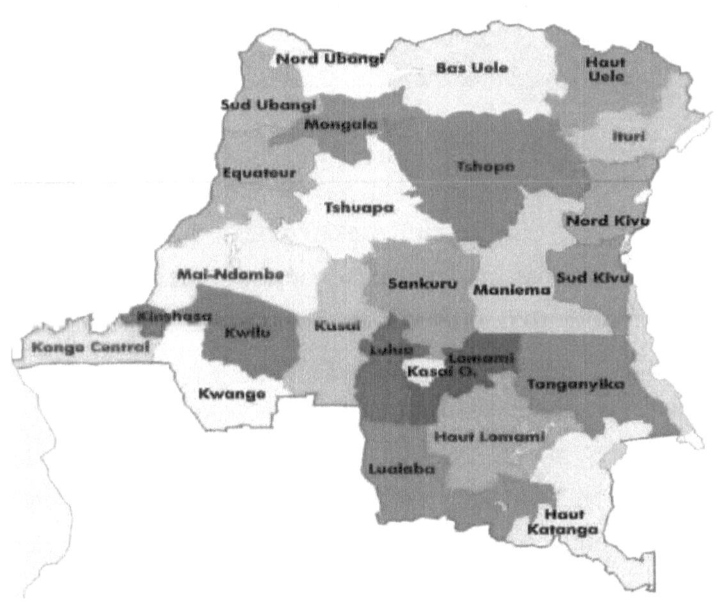

Patrice Lumumba peu avant sa Mort

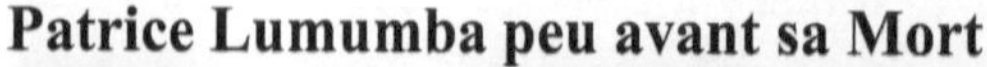

L'assassinat, le 17 Janvier 1961, de Patrice Lumumba, premier Premier Ministre démocratiquement élu de ce qui est aujourd'hui la République démocratique du Congo (RDC), est considéré par beaucoup d'Africains comme «l'assassinat le plus important du 20ème siècle » parce qu'il a détruit le pays, polarisée et paralysée les pays de l'Afrique, résultant en une désunion que le continent doit encore se récupérer. Ce crime odieux était l'aboutissement de deux complots d'assassinats entre des éléments des gouvernements Américain et Belge qui utilisaient des complices Congolais et une escouade d'exécution Belge pour assassiner le chef de cette nation infantile au cœur de l'Afrique qui venait d'obtenir son indépendance de la Belgique le 30 Juin 1960.

Les historiens, les sociologues et les géopoliticiens s'accordent à dire que le Congo est le pays le plus traumatisé d'Afrique et du monde, et que de toutes les atrocités que le Congo a connues dans son histoire maltraitée, l'assassinat de Patrice Lumumba était l'acte le plus cruel. En fait, c'est considéré à juste titre comme le péché originel du pays.

L'assassinat a eu lieu moins de sept mois après l'indépendance de ce territoire occupant 7,7% de la masse continentale de l'Afrique. L'acte a transformé en pierre d'achoppement les espoirs de mettre en œuvre les nobles idéaux de l'unité nationale Congolaise, la prospérité matérielle, la démocratie, l'indépendance économique, la liberté et la solidarité Pan-Africaine que Lumumba défendait. Ce qui ne peut pas être négligé est le fait que son assassinat a porté un coup brisant aux espoirs, aux rêves et aux aspirations de millions de Congolais. Sa mort a aussi désillusionné un nombre encore plus grand d'Africains à travers le continent.

Le fait que l'une des plus grandes universités de l'Union Soviétique   l'Université de l'Amitié des Peuples de Russie fondée le 05 Février 1960, a été rebaptisée «L'Université Patrice Lumumba" le 22 Février 1961, et le fait que cet établissement d'enseignement supérieur éduquer près d'une centaine de milliers d'étrangers, les Africains pour la plupart, souligne la signification historique de la mort du jeune Africain en Afrique et dans le reste du monde pendant la guerre froide.

En effet, l'importance historique de l'assassinat réside dans une multitude de facteurs, dont les plus pertinents étaient le contexte global dans lequel :

- Il a eu lieu (le président Eisenhower a autorisé l'assassinat, la CIA a procédé à son enlèvement et son transfert; et l'Organisation des Nations Unies, et son secrétaire général Dag Hammarskjöld, l'Union Soviétique et le M16 Britannique furent impliqués dans la débâcle, et les Belges dirigèrent son meurtre et ceux de ses deux associés avant de se débarrasser des corps en les déterrant et en les dissolvant dans l'acide sulfurique, et puis fondre et disperser les os âpres)

- Son impact sur la politique Congolaise depuis lors

- Et l'héritage global de Lumumba en tant que leader nationaliste-civique et icône Pan-Africaniste. Après tout, il travaillait avec Félix Moumié, le leader du mouvement de libération Camerounais que les services secrets Français (SDECE) avaient empoisonné à Genève, en Suisse, le 3 Novembre 1960.

****

Une question qui a été répandue dans la sphère géopolitique est celle-ci:

Pourquoi les Etats-Unis, la Grande-Bretagne, la France et la Belgique se sont-ils impliqués dans l'assassinat du premier dirigeant démocratiquement élu du Congo?

Tout a commencé en Avril 1884, sept mois avant le Congrès de Berlin, lorsque les États-Unis d'Amérique sont devenus le premier pays au monde à reconnaître les revendications du Roi Belge Léopold II sur les territoires du bassin du Congo. Ces territoires sont devenus connus sous le nom d'État libre du Congo. Le Roi Léopold l'a jugé comme sa propriété privée, en utilisant un petit cadre d'administrateurs blancs qui ont été tirés de toute l'Europe.

La Carte de Partition de l'Afrique: 1884-1914

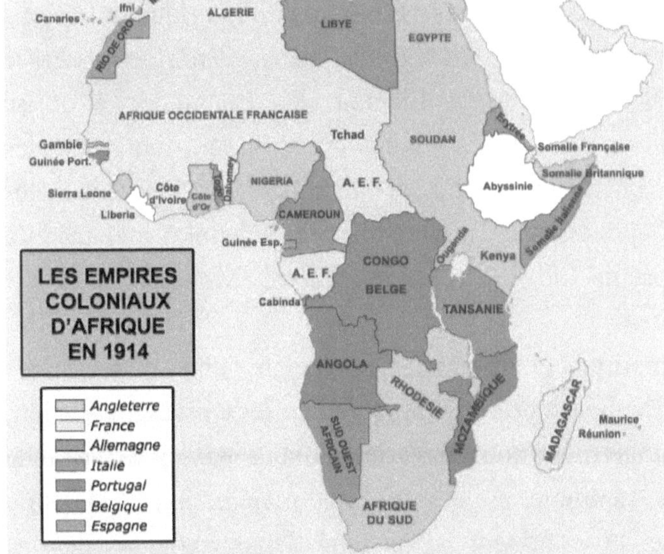

L'État indépendant du Congo a fait du Roi Léopold l'un des monarques les plus riches du monde, un accomplissement démesuré étant donné qu'il était le Roi d'un pays aussi petit que la Belgique. Mais cela a coûté très cher à la population Africaine indigène qui a été obligée de fournir une main-d'œuvre non payée qui n'était pas différente de l'esclavage, dans l'exploitation des ressources minérales, forestières et agricoles du pays pour le monarque Belge. Cependant, lorsque les atrocités liées à l'exploitation économique brutale de l'État indépendant du Roi Léopold ont fait des millions de morts, les États-Unis se sont joints à d'autres puissances mondiales pour forcer l'État Belge à prendre l'État libre du Congo comme colonie régulière et d'arrêter les meurtres et les mutilations de la population Congolaise indigène - un génocide en soi.

Ce n'est qu'après la transformation du Congo en une colonie régulière que les États-Unis d'Amérique ont acquis une participation stratégique dans l'énorme richesse naturelle du territoire. En fait, les États-Unis a utilisé l'uranium des mines Congolaises pour fabriquer les premières armes atomiques qui ont été utilisées dans les villes japonaises d'Hiroshima et de Nagasaki, menant à la fin abrupte de la Seconde Guerre Mondiale dans le Pacifique.

L'importance stratégique du Congo riche en ressources en particulier et de l'Afrique riche en ressources en général, particulièrement pour aider les Alliés à gagner la Seconde Guerre mondiale, est devenue une malédiction par la suite lorsque le continent a cherché l'indépendance de ses maîtres coloniaux. C'était à une époque où la guerre froide dominait la géopolitique. L'Amérique et ses alliés occidentaux ont résolu de donner aux colonies l'indépendance, mais pas le type d'indépendance que le reste du monde connaissait. Les puissances occidentales n'étaient pas prêtes à laisser le peuple des colonies Africaines exercer un contrôle effectif sur les matières premières stratégiques sur leurs territoires, de peur que ces ressources ne tombent entre les mains des pays du camp Soviétique ou communiste. C'est pourquoi les intérêts occidentaux ont perçu une menace dans la volonté de Patrice Lumumba de parvenir à une véritable indépendance pour le Congo et de prendre le contrôle total des ressources du pays pour le développement de la nation infantile et l'amélioration des conditions de vie du peuple Congolais.

Les Ressources Naturelles de la Région d'Afrique Centrale

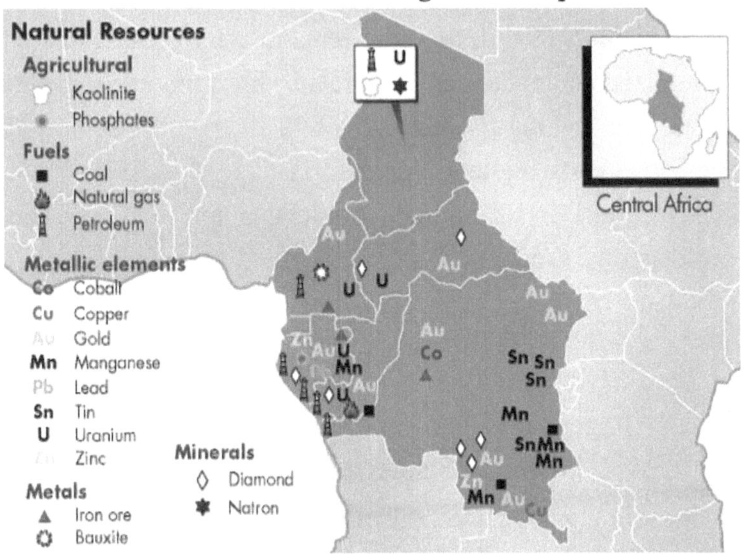

Pour arrêter Patrice Lumumba, les Etats-Unis et la Belgique ont tout mis en œuvre, notamment l'utilisation du secrétariat des Nations Unies dirigé par Dag Hammarskjöld et Ralph Bunche, l'achat du soutien des rivaux Congolais de

Lumumba, le silence de certains dirigeants Africains favorables à Lumumba et l'objectif Pan-Africaniste qu'il partageait, et l'achat des services de tueurs à gages (mercenaires) pour éliminer l'obstacle à leur bon contrôle du Congo, un pays qu'ils entendaient n'être rien de plus qu'un Etat quasi-indépendant soumis à les leaders occidentaux et les intérêts occidentaux.

****

Juste après l'indépendance du Congo, le 30 Juin 1960, la Belgique et ses alliés occidentaux ont sapé la stabilité de la nation infantile en encourageant une opposition virulente au gouvernement de Lumumba en utilisant des politiciens Congolais soutenus par l'Occident. En fait, en Décembre 1960, le Congo relevait effectivement de quatre gouvernements distincts, dont trois étaient sous les pouces des factions anti-Lumumba soutenues par les puissances occidentales. C'étaient:

- Le gouvernement central dans la capitale Congolaise de Léopoldville (Kinshasa)
- Un gouvernement central rival établi par les partisans de Lumumba à Stanleyville (Kisangani)
- Un régime sécessionniste dans la province minière du Katanga, riche en ressources minérales, sous la direction de Moise Tshombe
- Et une autre administration sécessionniste dans la province du Kasaï Sud sous la direction d'Albert Kalonji.

Avec la liquidation de Lumumba six mois après l'indépendance du Congo, avec la suppression de ce que les géopoliticiens occidentaux considéraient comme la menace majeure pour leurs intérêts dans le nouveau pays, la Belgique, la Grande-Bretagne, la France et les Etats-Unis ont mené des efforts internationaux répandre l'autorité du régime modéré et pro-occidental à Kinshasa sur l'ensemble du Congo. C'était une stratégie à deux volets impliquant l'utilisation de la nouvelle armée Congolaise créée par l'Occident sous le commandement du régime soutenu par l'Occident de Mobutu Sese Seko, et l'utilisation de casques bleus des Nations Unies. La stratégie était si efficace que le bastion Lumumbiste dans l'Est du pays autour de Kisangani tomba en Août 1961. Le Kasaï Sud se replia en Septembre 1962 et la sécession du Katanga fut renversée en Janvier 1963.

La crise du Congo en 1961

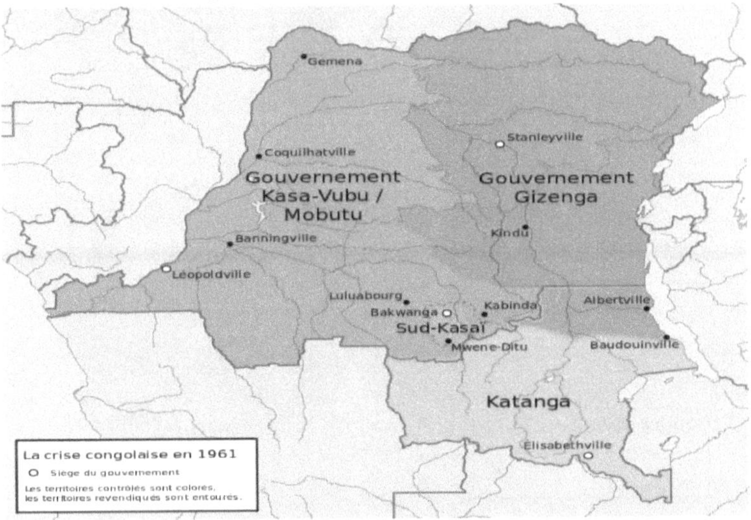

Après avoir démantelé le Congo nouvellement

indépendant afin de saper Lumumba, après avoir assassiné Lumumba et installé un gouvernement fantoche, puis l'avoir dirigé pour unir et stabiliser le pays à nouveau, les puissances occidentales ont été surprises quand un mouvement social radical pour une «deuxième indépendance" a surgi, contester l'état néocolonial et son leadership pro-occidental. C'était un mouvement de masse de travailleurs, de fonctionnaires inférieurs, de chômeurs urbains, de paysans et d'étudiants. Ils étaient dirigés par les lieutenants de Lumumba, dont la plupart s'étaient regroupés dans l'ancienne capitale Congolaise Française de Brazzaville, à travers le fleuve Congo depuis l'ancienne capitale Congolaise de Kinshasa.

La Rébellion Simba de 1964

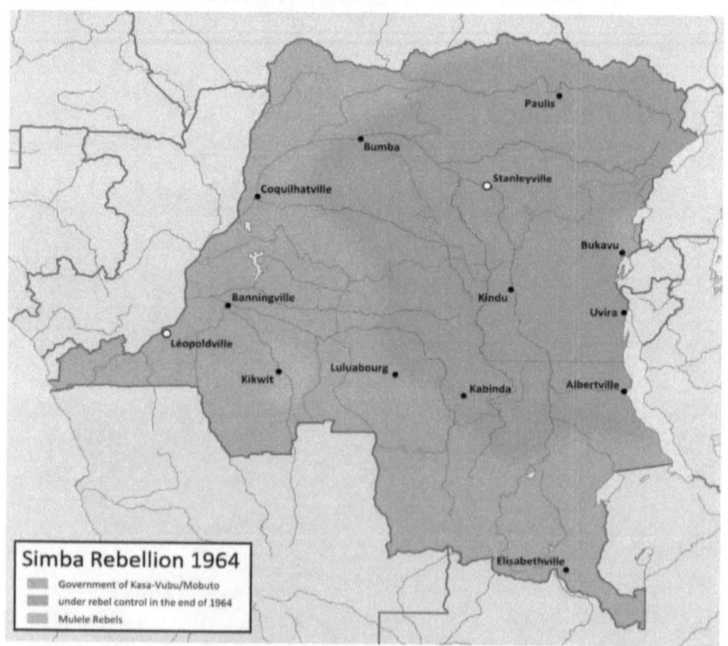

En Octobre 1963, ces Lumumbistes s'installent dans un Conseil de libération nationale (CNL) avec pour mission d'évincer le régime de Mobutu et de créer un Congo Nouveau. Ils ont été pris au sérieux au point où l'Union Soviétique leur a donné une assistance militaire. Certains des quelques gouvernements Pan-Africanistes survivants sur le continent ont également apporté leur soutien. Même Ernesto Che Guevara, l'icône révolutionnaire argentine et le commandant en second de Fidel Castro, ont établi une base au Congo pour les aider. En fait, quand Che Guevara a écrit en 1964 que:

"Nous devons aller de l'avant, en frappant sans relâche contre l'impérialisme. De partout dans le monde, nous devons apprendre des leçons que les événements offrent. Le meurtre de Lumumba devrait être une leçon pour nous tous.»

Il a commencé l'immortalisation de Patrice Lumumba après avoir échoué dans son expédition au Congo pour galvaniser les Lumumbistes contre le gouvernement fantoche occidental de Mobutu Sese Seko.

****

Les rues, les parcs, les places, les aéroports, les statues et les autres infrastructures abondent dans tous les continents du monde, portant le nom de Lumumba en l'honneur d'un altruiste, un homme qui a embrassé le nationalisme-civique, qui était opposé à la division de son pays le long de lignes régionales, et qui ont soutenu le Pan-Africanisme et la libération de tous les territoires coloniaux non seulement en Afrique, mais aussi dans le reste du monde.

L'héritage de Patrice Lumumba continue à inspirer la politique Congolaise aujourd'hui alors que des dizaines de partis politiques clament leur foi en ses idées de «neutralité positive», qui préconise le retour aux valeurs Africaines et qui rejette toute idéologie importée, y compris celle de l'Union Soviétique :

"Nous ne sommes ni communistes ni catholiques, nous sommes des nationalistes Africains» a déclaré un jour Patrice Lumumba.

Les Pan-Africanistes (ceux qui rêvent d'une future Union économique Africaine avec un système politique intégré et une structure militaire) chérissent l'héritage de Lumumba et le placent aux côtés de Kwame Nkrumah du Ghana, Sékou Touré de Guinée, Julius Nyerere de Tanzanie et les dirigeants liquidés du Parti historique de Cameroun —connu comme l'UPC (L'Union des populations du Cameroun) —qui a mené la lutte pour l'réunification et l'indépendance du pays, en tant que des icônes de l'ère de l'indépendance qui a semé les graines de l'Union Africaine qui doit être réalisé.

Le 31 Mai 1997, un Lumumbiste a accédé au pouvoir après avoir dirigé une rébellion à grande échelle contre le règne de Mobutu qui souffrait d'une santé défaillante.

Il l'a fait sous le drapeau de l'Alliance des forces démocratiques pour la libération du Congo-Zaïre (ADFL), et avec le soutien de Le Rwanda, l'Ouganda et le Burundi, marquant ainsi la fin de la Première Guerre du Congo, un exploit qui mettait seulement six mois à ADFL pour se rendre maître du pays, un territoire qui représente un peu plus de la moitié de la superficie de l'Union européenne. Laurent-Désiré Kabila, comme le nouveau président ou l'ennemi juré de Mobutu s'appelait, a fait une déclaration puissante lorsqu'il a changé le nom du pays du Zaïre en République Démocratique du Congo, c'est ainsi que l'on a connu la nation d'Afrique centrale de 1964 à 1971.

Laurent-Désiré Kabila n'est pas venu de nulle part. En fait, en 1965, il était devenu le plus distingué des lieutenants de feu Patrice Lumumba après la crise du Congo au début des années 1960 et la rébellion contre Mobutu Sese Sékou que l'a suivie. Che Guevara l'a reconnu lors de son expédition au Congo, alors même que le révolutionnaire Argentin pensait que son homologue Congolais était trop distrait à l'époque, concluant qu'il n'était "pas l'homme de l'heure".

Même si les anciens alliés de Laurent Kabila (Rwanda, Ouganda et Burundi) se sont retournés contre lui un an plus tard, en soutenant une nouvelle rébellion contre son pouvoir sous la bannière du Rassemblement pour la Démocratie congolaise (RDC), déclenchant ainsi la Deuxième Guerre du Congo. Il a bien perdu le contrôle de l'est du Congo, mais l'héritage de Lumumba a prévalu alors qu'il s'accrochait au sud et à l'ouest du pays avec l'aide des troupes de l'Angola, de la Namibie et du Zimbabwe. Laurent Kabila serait tué par sa garde le 1er Janvier 2001, un an et demi après le retrait de toutes les troupes étrangères du pays. Cependant, l'héritage de Lumumba n'a jamais été abandonné car son fils, Joseph Kabila, lui a succédé et a gouverné jusqu'au 25 Janvier 2019, lorsque Félix Tshisekedi est devenu le nouveau président après sa victoire à l'élection présidentielle qui avait eu lieu un an auparavant. L'équipe Kabila et l'équipe du nouveau président ont conclu une alliance de travail début 2019, qui a abouti à un accord de partage du Cabinet entre la FCC, alignée sur Kabila, et l'alliance CACH de Tshisekedi, qui a assuré le maintien au pouvoir des forces qui reconnaissent le rôle positif joué par Patrice Lumumba dans l'histoire Congolaise, même s'ils ne respectent pas les normes qu'il a défendues.

Noam Chomsky a bien exprimé la perte tragique de Patrice Lumumba lors d'une interview accordée le 11 Septembre 2013 à la célèbre journaliste spécialisée dans la radiodiffusion, chroniqueuse et journaliste sous enquête, et à l'auteur Amy Goodman, dont les missions d'enquête l'ont menée dans des pays tels que le Nigeria et le Timor Oriental. Il a dit que:

> *«L'assassinat de Lumumba, auquel les États-Unis étaient impliqués, au Congo a détruit le principal espoir de développement de l'Afrique. Le Congo est maintenant une histoire d'horreur totale, pendant des années"*

Le professeur Noam Chomsky, qui est considéré par beaucoup de gens comme le plus grand intellectuel du monde, est également respecté en tant que grand historien, linguiste, philosophe, activiste politique, scientifique cognitif et critique social Américain, dont la maîtrise de la philosophie analytique est enviable. Ainsi, lorsqu'il continue à retourner au Congo pour souligner la situation critique du pays en tant que victime de l'esclavage, du colonialisme, du néo-colonialisme, de la guerre froide, de l'impérialisme et aussi du mondialisme, nous comprenons pourquoi certains experts disent que l'entité géopolitique est le cœur étranglé de l'Afrique dont les ressources semblent être une malédiction qu'une bénédiction. Lorsqu'il a fait remarquer à son public que:

«Le minéral principal de votre téléphone portable, le coltan [un minerai métallique noir], provient de l'est du Congo. Les sociétés multinationales exploitent les très riches ressources minérales de la région. Un grand nombre d'entre eux soutiennent des milices qui se battent pour prendre le contrôle des ressources ou d'une partie de celles-ci.»

Il a souligné la raison pour laquelle ce pays, qui occupe la majeure partie de l'espace de l'Afrique moyenne ou centrale, est le terrain de jeu des forces étrangères qui voient en Afrique et ses riches ressources rien que du butin qui peut être pillé à peu de frais ou à rien en éliminant ceux qui soutiennent la défense des intérêts de la terre et du peuple, puis en les remplaçant par des compradors qui travailleraient pour les intérêts étrangers et leurs propres intérêts, au détriment des intérêts de leurs pays et de leurs peuples.

Indice de Démocratie: l'Afrique et le Monde

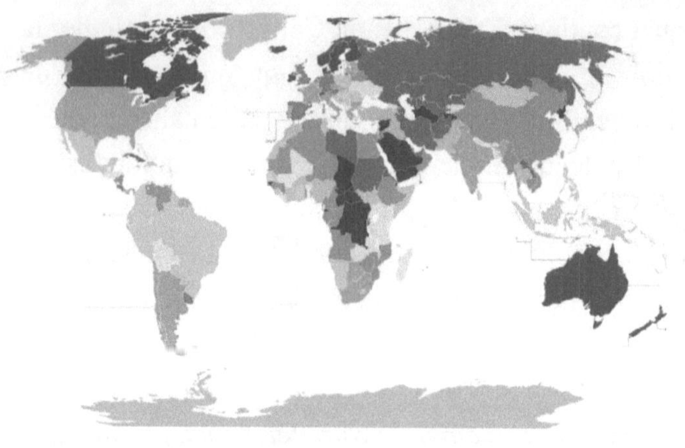

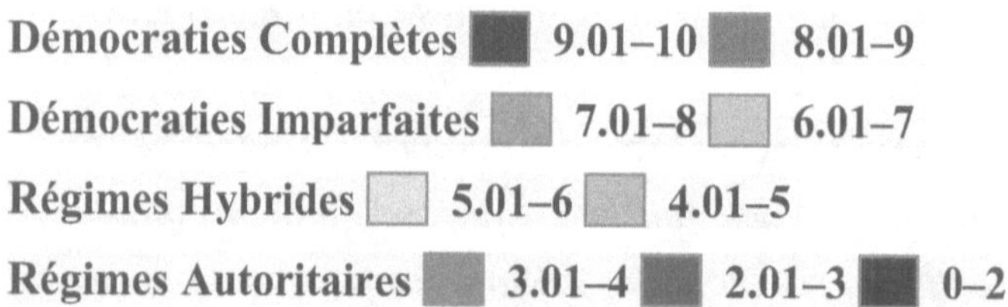

La Carte Politique de l'Afrique

Chapitre Deux

Félix-Roland Moumié

Félix Moumié

CITATIONS

«Si nous luttons à mort contre une intégration arbitraire de notre pays dans l'empire colonial Français, c'est parce que nous voulons rester les défenseurs conquérants du droit des peuples à l'autodétermination. Nous sommes donc au service du Kamerun et de l'Afrique ... nous sommes les vrais artisans de la détente internationale. En tant que nationalistes révolutionnaires, nous luttons pour réaliser, pour le Kamerun et pour lui seul, une véritable "indépendance" nationale, avec "l'unification" comme condition préalable, simultanée ou consécutive, mais jamais exclue. "

Ruben Um Nyobè

« Un peuple déterminé à se battre pour la liberté et l'indépendance est invincible.»

Ruben Um Nyobè

«Nous ne sommes pas impliqués dans cette lutte uniquement parce que nous pensons que nous allons démanteler ce système au cours de notre vie. Nous espérons que le Cameroun changera demain. Mais si ce n'est pas le cas, nous serons heureux de savoir que nous avons rendu le terrain fertile pour la prochaine génération qui mettra fin à la pourriture dans ce pays et qui établira le «NOUVEAU CAMEROUN».

Dr. Samuel F. Tchwenko, ancien UPCiste et idéologue en chef du SDF historique de 1990-20

«Le Cameroun n'est pas un pays d'esclaves qu'aucun homme ne peut libérer.»

Janvier Chouteu-Chando

«L'ennemi n'est pas celui qui vous fait face avec une épée à la main, c'est l'adversaire. L'ennemi est celui qui se trouve derrière vous avec un couteau dans le dos.»

Thomas Sankara

«… De temps en temps, le monde est béni avec des âmes uniques qui, malgré le fardeau de leurs croix invisibles, ont toujours la force extraordinaire de progresser dans la vie et de donner aux autres un coup de main en même temps. En dépit de leurs tribulations, la plupart d'entre nous pensent qu'ils vont bien. Même lorsque le poids de leurs croix devient insupportable, même lorsqu'ils essaient à bout de souffle, nous avons toujours du mal à comprendre qu'ils se noient. En fait, nous les condamnons même pour n'avoir pas sacrifié davantage… »

Janvier Chouteu-Chando, Disciples of Fortune

« L'indépendance politique n'a pas de sens si elle n'est pas accompagnée d'un développement économique et social rapide.»

Patrice Lumumba

"La pire chose que le colonialisme a faite a été de brouiller notre vision de notre passé."

Barack Obama

"Jusqu'à ce que les lions aient leurs propres historiens, l'histoire de la chasse glorifiera toujours le chasseur."
Chinua Achebe

"Les personnages de nos autres vies sont des fantômes que la littérature fait renaître."
Olivier Weber

LES CARTES

Le Cameroun sur la carte du monde

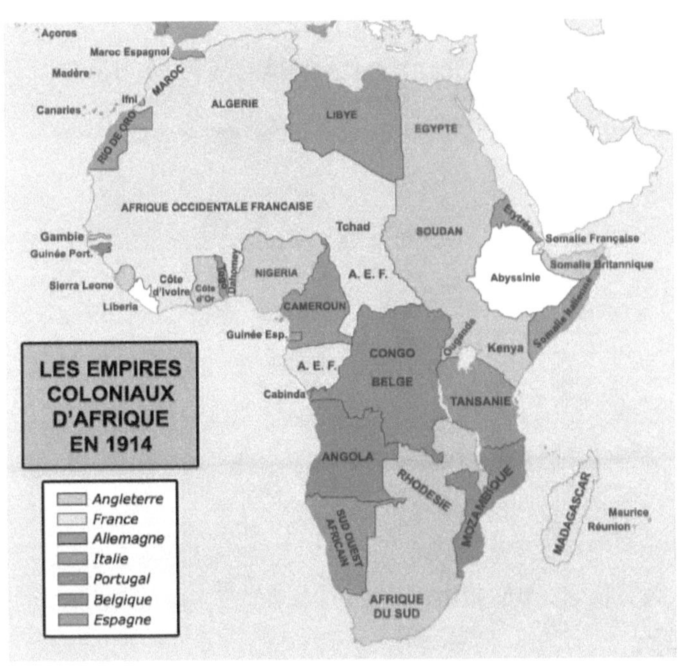

Indice de Démocratie: l'Afrique et le Monde

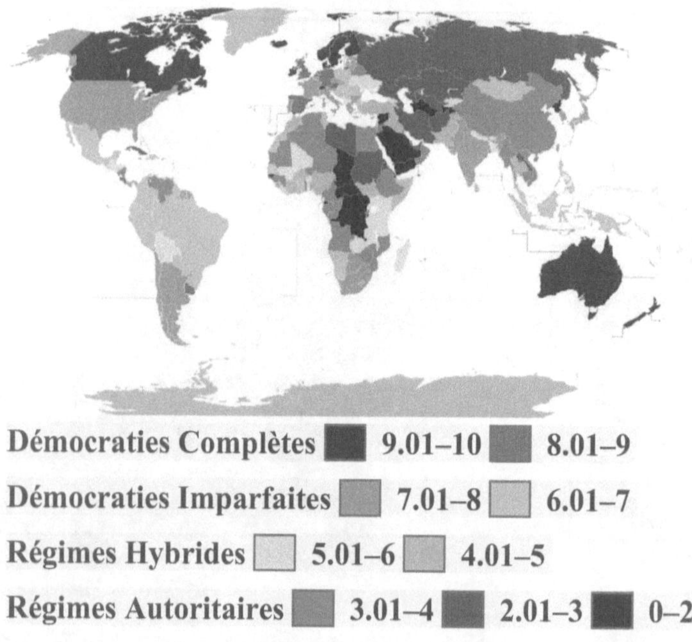

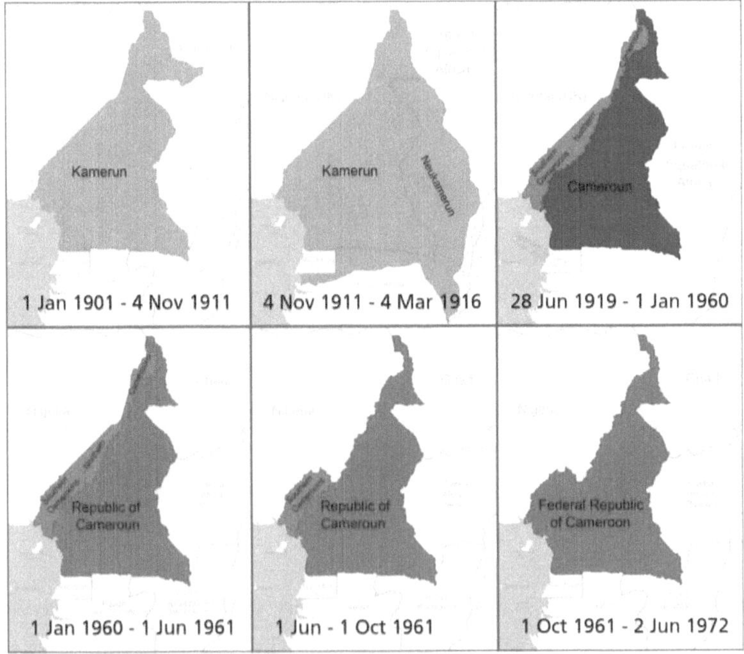

La Carte Historique du Cameroun:

1. Cameroun Allemand (1884-1911)
2. Cameroun Allemand (1911-1916)
3. Cameroun Britannique & Cameroun Français: 1916-1960
4. Cameroun Britannique & La République du Cameroun (1960-61)
5. Southern Cameroons Britannique & La République du Cameroun (1960-61)
6. Réunifie — La République Fédérale du Cameroun (1961-1972)

Les leaders de l'UPC (G. à D.) au premier rang: Castor Osendé Afana, Abel Kingué, Ruben Um Nyobé, Félix Moumié et Ernest Ouandié

Né en 1926, Félix-Roland Moumié était un leader anti-colonialiste et Pan-Africaniste du Cameroun. Son assassinat à Genève le 3 Novembre 1960 par William Bechtel du SDECE (le service secret Français) au thallium est considéré comme le crime le plus effronté commis par les services secrets Français à l'étranger, et peut-être le plus durement subi par les nationalistes-civiques Camerounais qui se battaient pour la libération de la terre du contrôle néocolonial Français.

Le Dr. Félix-Roland Moumié était à la tête de l'UPC (Union des Populations du Cameroun, également appelée Union du Peuple Camerounais—"*Union of the Populations of the Camerouns*") de 1958-1960. L'UPC a été le premier Parti politique historique à émerger des territoires de l'ancienne colonie Allemande de Kamerun. Fondé en 1948, l'UPC a opéré à la fois dans le Cameroun Français et le Cameroun Britannique —Territoires sous tutelle issus de l'ancien Kamerun Allemand de 1884-1916 suite à sa partition entre la Grande-Bretagne et la France comme convenu dans le Traité de Versailles du 28 Juin 1919, les traités de paix qui ont mis fin à la Première Guerre Mondiale en officialisant la fin de l'état de guerre entre l'Allemagne et les Puissances Alliées. L'objectif principal du Parti était la réunification et l'indépendance du Cameroun Britannique et du Cameroun Français — Territoires Sous Tutelle qui succédèrent aux mandats de la Société des Nations, et qui naquit lorsque la Société des Nations cessa d'exister en 1946.

****

L'administration Française de tutelle a interdit l'UPC en 1955, l'accusant de fomenter des troubles civils, forçant ainsi le Parti à l'exil à l'été de 1955. Cependant, l'UPC a refait surface en 1956 et a défié la France via les médias internationaux. Les autorités coloniales Britanniques ont également interdit l'UPC au Cameroun Britannique en 1958, forçant ainsi la plupart de ses dirigeants qui s'étaient échappés le Cameroun Français et qui s'étaient trouvés refuge dans le Cameroun Britannique pour fuir en Egypte, au Ghana, en Chine et vers d'autres pays favorables à la cause Camerounaise pour sa réunification et son indépendance. Ruben Um Nyobé, chef du Parti et secrétaire général; Ernest Ouandié et Abel Kingué, les deux vice-présidents du parti; et Félix Moumié se sont engagés à poursuivre la lutte pour la réunification et l'indépendance du Cameroun Français et du Cameroun Britannique, malgré la volonté de la France de diviser et de gouverner les peuples de l'ancien Kamerun Allemand. Après tout, l'UPC commandait le soutien de la plupart des gens du Cameroun Français et ses ramifications et partis sœurs dans le Cameroun Britannique commandaient le soutien de l'électorat là-bas. En effet, plus de 80% des Camerounais éduqués ont soutenu le Parti et sa cause pour la réunification et l'indépendance des terres de l'ancien Kamerun Allemand.

Cependant, le Parti a reçu son premier traumatisme majeur trois ans après l'interdiction, à un moment où certains experts commençaient à penser que la France permettrait au Parti de recommencer à fonctionner en tant qu'entité politique légale, quand les forces de sécurité de l'administration Française du Cameroun Français ont assassiné le premier dirigeant historique de l'UPC, Ruben Um Nyobé, le 13 Septembre 1958, près de son village natal de Boumnyebel dans le Pays Bassa (Bassaland).

****

Ainsi, lorsque le Dr Félix-Roland Moumié a succédé à Ruben Um Nyobé, il a été contraint d'opérer depuis l'exil, même si l'UPC était le seul Parti du Cameroun Français à bénéficier du soutien massif des Camerounais Français et partageait un programme similaire avec les partis frères ou des ramifications dans le Cameroun Britannique. Sans se décourager, il a contesté la répression de l'UPC de manière plus déterminée, de sorte que les partisans de l'UPC contrôlaient la campagne de la moitié sud du Cameroun Français avant que la France confie le contrôle politique ou la souveraineté du Cameroun à sa marionnette Ahmadou Ahidjo. Le 1er Janvier 1960, la France a signé une série d'accords socio-économiques, politiques et militaires avec l'État naissant qui en fait pratiquement une arrière-cour de la France.

Considéré par certains comme l'émergent "Che Guevara Africain", Félix Moumié était un leader astucieux ainsi qu'un grand organisateur qui, avant sa mort, avait rencontré cet été de1960 Ernesto Che Guevara, le révolutionnaire international de la Argentine et le second en commandement dans le nouveau gouvernement anti-Américain et anti-occidental du Cuba de Fidel Castro. En plus de ce développement, le leader partisan Camerounais avait développé avec succès un rapport privilégié avec le belliqueux président Égyptien Gamal Abdel Nasser, le président Pan-Africaniste du Ghana Kwame Nkrumah, l'indéfectible Patrice Lumumba du Congo-Kinshasa (l'ex-Congo Belge), et le chef nationaliste Guinéen têtu Sékou Touré qui a défié la France et a sorti la Guinée des griffes néocoloniales de son ancien maître colonial.

De nombreux experts pensent que la France et ses alliés de la guerre froide craignaient que le nouveau dirigeant de l'UPC noue des relations solides avec certains des autres dirigeants du bloc communiste qui espéraient voir l'Afrique devenir un continent économiquement uni et politiquement intégré. Le fait que ces dirigeants aient promis d'accroître leur soutien au groupe partisan de Moumié a rendu la France et sa marionnette Ahmadou Ahidjo extrêmement nerveux.

Le deuxième chef exilé du mouvement civique national Camerounais était en mission en Europe en Octobre 1960, lorsque William Bechtel l'invita à dîner dans un hôtel de Genève, en Suisse, en se faisant passer pour un journaliste. En fait, il était membre du "Main Rouge», une branche d'une unité spéciale des services secrets Français chargée d'éliminer les nationalistes Africains anti-Français et pro-indépendants et leurs partisans en Europe.

Distrait par une convocation au téléphone par un membre du personnel du restaurant, Moumié a laissé sa boisson inachevée que Bechtel a contaminée en y versant une dose létale de thallium. Mais Moumié ne l'a pas bu à son retour. Ainsi, Bechtel a créé une autre distraction, au cours de laquelle il a versé une autre dose de thallium dans le vin de Moumié. Moumié finit par avaler les deux verres et mourut dans un hôpital de Genève le 3 Novembre 1960, quelques jours avant son retour en Guinée, et beaucoup plus tôt que prévu par ses assassins. Le fait que le chef de la libération Camerounaise a pris une overdose du poison, a contrecarré le complot que la France a éclos, qui était de blâmer la mort de Félix Moumié sur le président Guinéen Sékou Touré, qui avait été l'hôte du leader de l'UPC lors de son exil dans la capitale Guinéenne de Conakry.

****

L'assassinat de Félix Moumié sera suivi moins d'un an après par l'horrible assassinat de Patrice Lumumba au Congo. La mort de ces deux nationalistes-civiques Africains qui avaient la vision Pan-Africaniste serait suivie d'une répression sanglante de la résistance populaire aux régimes néocoloniaux dans leurs pays respectifs.

Avec l'exécution du successeur de Félix Moumié, Ernest Ouandié, en Janvier 1971, la contre-offensive néocoloniale contre les mouvements anti-colonialiste au cœur de l'Afrique serait terminée, ce qui marquerait la victoire des forces néocoloniales. Cette nouvelle réalité aurait des conséquences désastreuses non seulement dans la région de l'Afrique centrale mais dans toute l'Afrique. L'Afrique subsaharienne Francophone n'a pas osé s'opposer au néo-colonialisme Français depuis la défaite des nationalistes-civiques du Cameroun et l'imposition par la France d'un système mafieux de contrôle sur ses anciennes colonies qui utilise des marionnettes Françaises qui ne sont pas redevables à leur peuple.

La mort de Félix Moumié, la rétention de l'interdite Français sur l'UPC, l'expulsion de l'UPC du Cameroun Britannique en 1958 et le retour au pouvoir en France de la légende et du général néo-colonialiste Français Charles De Gaulle l'ont rendu sembler impossible le *Rêve Kamerunais* de réunification, d'indépendance et de développement. Cependant, les ramifications de l'UPC au Cameroun Britannique et les nationalistes-civiques Camerounais dans le Cameroun Méridional Britannique*(British Southern Cameroons)* ont réalisé le rêve de réunification en soutenant la campagne dans le plébiscite parrainé par les

Nations Unies ou référendum pour le vote pour réunir le *British Southern Cameroons* avec la République du Cameroun, l' ancien Cameroun Français qui a obtenu son indépendance le 1er Janvier 1960 sous le gouvernement anti-UPC de la marionnette Française Ahmadou Ahidjo.

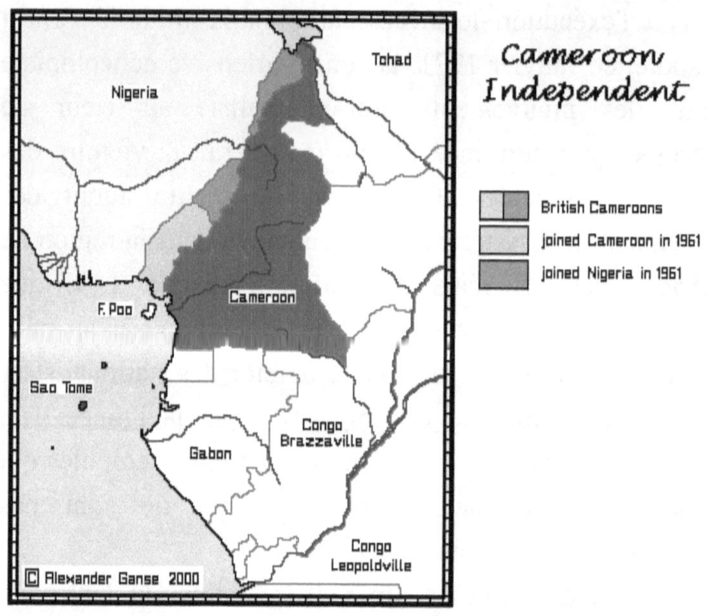

British Cameroons= Cameroun Britannique
Joined Camerounin 1961= A rejoint la Republique du Cameroun (l'ancien Cameroun Français) en 1961 (Réunification)
Joined Nigeria in 1961= A rejoint le Nigeria en 1961

Points principaux: On a demandé aux électeurs s'ils souhaitaient s'unir au Nigeria nouvellement indépendant ou à la République du Cameroun nouvellement indépendante (l'ancien Cameroun Français de 1918-1960) lorsque l'indépendance est accordée aux deux régions.

Cameroun Septentrional Britannique (*British Northern Cameroons*)

Électeurs inscrits	292,985
Votes Totaux (Participation Electorale)	Non Disponible (N/A)
Votes Invalides / Nuls	Non Disponible
Total des Votes Valides	243,955

Cameroun Méridional Britannique (*British Southern Cameroons*)

Électeurs inscrits	349,652
Votes Totaux (Participation Electorale)	Non Disponible (N/A)
Votes Invalides / Nuls	Non Disponible
Total des Votes Valides	331,312

En fait, bien qu'inférieurement armé, l'UPC mena une campagne de guérilla efficace qui, à la fin de 1959, confina complètement le contrôle Français dans le sud du pays aux seules villes et villages, laissant les villages et la campagne sous le contrôle de l'UPC. Et puisque l'accord de tutelle de l'ONU avait fixé un plafond au nombre de troupes que l'armée Française pourrait avoir sur le territoire, la France a décidé de précipiter l'octroi de l'indépendance au Cameroun Français. Cependant, il a accordé l'indépendance du Cameroun Français le 1er Janvier 1960 sous sa marionnette Ahmadou Ahidjo, et a obligé en même temps Ahidjo à signer un pacte secret avec la France, un accord dont les composantes économiques, politiques et militaires permettent à la France de multiplier le nombre de troupes qu'il avait stationné dans l'ancien Cameroun Français, appelé la République du Cameroun par la suite. L'armée Française renforcerait sa présence dans le pays en augmentant le nombre de ses soldats et de son matériel, et en accélérant le recrutement et la formation d'une armée Camerounaise locale dirigée par des Français. Ces armées Franco-Camerounaises vaincraient les insurgés dans leurs principaux fiefs dans le Bassaland en 1960 et dans le pays Bamiléké (*Terre Bamiléké*) de 1962 à 1964, en infligeant de lourdes pertes à l'UPC et aux populations civiles à travers leurs bombardements aveugles des camps de guérilla et des communautés civils.

En 1965, on s'est rendu compte que l'UPC ne pouvait plus gagner le conflit armé contre l'armée Française et l'armée Camerounaise créée par Ahmadou Ahidjo. Des efforts précarisés en faveur de la paix attireraient par la ruse le successeur de Félix Moumié, Ernest Ouandié, conduisant à sa reddition / capture / exécution en Janvier 1971, mettant ainsi fin à la lutte armée de l'UPC contre la France pour la réunification, l'indépendance et la liberté des territoires de l'ancien Kamerun Allemand, un conflit qui a entraîné la mort de plus d'un demi-million de Camerounais dans ce que certains experts considèrent comme un génocide dirigé par la France contre certaines forces anti-coloniale au Cameroun.

****

Les Camerounais de la partie anglophone du Cameroun en

sont venus à réaliser que la France et ses marionnettes Camerounaises les ont trompés et subjugués, comme les populations vaincues et soumises de la partie Francophone du pays, et qu'eux aussi sont maintenant sous le joug suffocant d'un système imposé par la France et géré par la dictature de la marionnette Française Ahmadou Ahidjo. Paul Biya, une autre marionnette Française et successeur d'Ahmadou Ahidjo aux ordres de la France, est au pouvoir depuis 1982. Près de soixante ans après, le Cameroun est toujours sous le contrôle des forces anti-UPC mises en place par la France - ce sont des Camerounais qui n'a joué aucun rôle, si comme modéré ou radical, dans la lutte nationaliste-civique pour la réunification et l'indépendance du pays. En effet, la France a aidé ses marionnettes à mettre en place un Etat policier afin d'imposer leur domination, ce qui explique pourquoi le Cameroun n'a jamais eu de chef d'Etat qui est ou qui était le choix du peuple.

La mafia continue. Le pays qui incarne l'esprit audacieux de l'Afrique est toujours aux prises avec les forces qui s'opposaient à sa quête de libération, de développement et de partenariat avec d'autres forces progressistes du monde.

Les assassinats de Ruben Um Nyobé, de Félix Moumié, de Patrice Lumumba, de Castor Osendé Afana, d'Ernest Ouandié et de dizaines de milliers de citoyens nationalistes congolais et Camerounais ont été une campagne réussie des puissances néocoloniales pour détruire le véritable développement indépendant de l'Afrique. Les mouvements coloniaux dans ces pays ont affaibli la tendance Pan-Africaniste à créer une union économique Africaine et à intégrer politiquement le continent. Après tout, le Cameroun de Nyobe / Moumié / Ouandié qui n'a jamais été réalisé, et le Congo de Lumumba qui a échoué d'être, auraient été au centre géographique, économique et politique de l'Union Africaine qui est encore la vision de beaucoup d'Africains progressistes qui espèrent voir le continent se faire une place de respect dans le monde multipolaire grandissant.

Aujourd'hui, le sarcophage de Félix Moumié est toujours porté disparu dans ce qui était son lieu de repos au cimetière dans la capitale Guinéenne de Conakry. Albert Kingué est toujours enterré au Caire, en Egypte. Ruben Um Nyobé, Ernest Ouandié, Castor OsendéAfana et les autres dirigeants de l'UPC qui ont été tués par les forces Franco-Ahidjo sont à peine reconnus, et ils ne sont pas glorifiés dans les annales de l'histoire Camerounaise, même si leurs noms gracient les rues et les infrastructures des autres pays de l'Afrique et du monde.

Six décennies après, les Camerounais qui se lèvent pour défier l'Etat mafieux voient toujours Félix-Roland Moumié et les autres leaders historiques qui ont été tués, exilés ou minés par la France et les marionnettes qu'elle a imposées au pays, comme les forces à imiter dans leur volonté de démanteler le système imposé sur le Cameroun, un système qui est aujourd'hui sous la surveillance de Paul Biya, une marionnette imposée par la France qui est au pouvoir depuis quarante-cinq ans (trente-sept ans en tant que président ou le chef d'État depuis 1982, et dix années comme premier ministre du seul pays d'Afrique où son chef d'État n'a jamais été choisi par le peuple, mais imposé par les néo-colonialistes).

Carte Administrative du Cameroun (2019

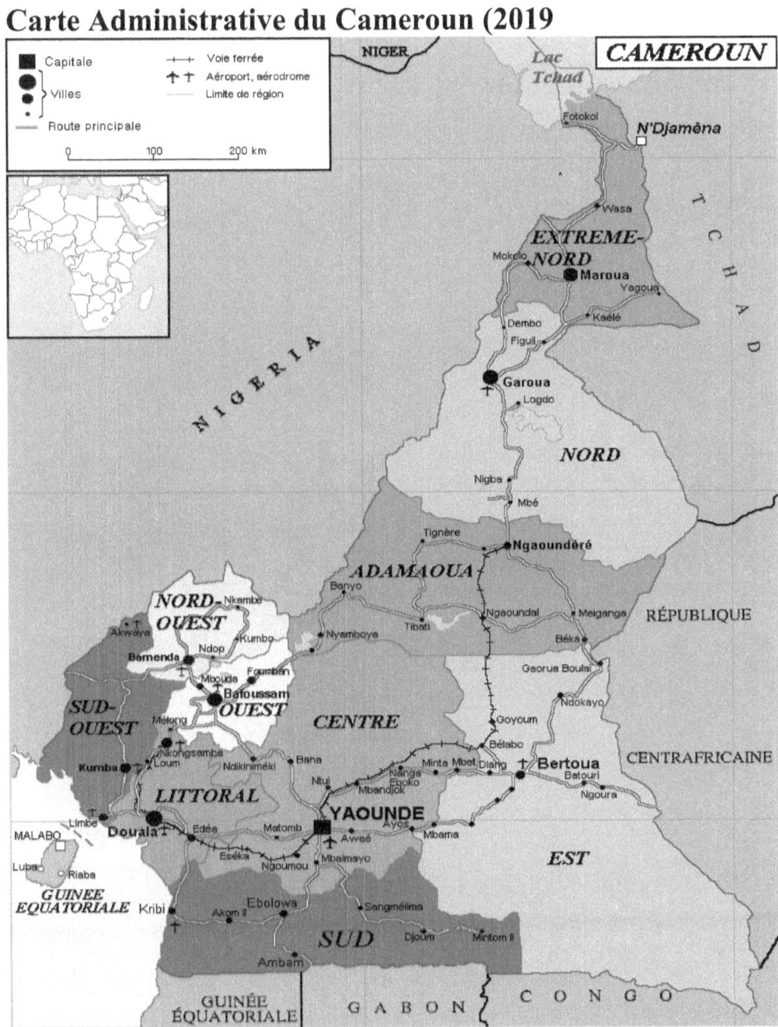

Les Pays D'Afrique

Chapitre Trois

Thomas Sankara

Thomas Sankara

Les Citations par Thomas Sankara

"Alors que les révolutionnaires en tant qu'individus peuvent être assassinés, vous ne pouvez pas tuer des idées.»

«L'ennemi n'est pas celui qui vous fait face avec une épée à la main, c'est l'adversaire. L'ennemi est celui qui se trouve derrière vous avec un couteau dans le dos.»

"Sans éducation politique patriotique, un soldat n'est qu'un criminel en puissance.»

«Je ne pense pas que Blaise (Blaise Compaoré, son adjoint et meilleur ami) veut tenter ma vie. Le seul danger est que s'il refuse d'agir, les puissances impérialistes lui offriront le pouvoir sur un plateau d'argent en organisant mon assassinat. Même s'ils réussissent à m'assassiner, ce n'est pas grave! L'essentiel est qu'ils veulent manger et je les arrête. Mais je mourrai dans la paix, car jamais après ce que nous avons réussi à inculquer à la conscience de nos compatriotes, ils ne peuvent plus contrôler notre peuple comme auparavant.

"La dette est une reconquête intelligente de l'Afrique. C'est une reconquête qui fait de chacun de nous un esclave financier.»

"La plus grande difficulté rencontrée est constituée par l'esprit de néo-colonisé qu'il y a dans ce pays. Nous avons été colonisés par un pays, la France, qui nous a donné certaines habitudes. Et pour nous, réussir dans la vie, avoir le bonheur, c'est essayer de vivre comme en France, comme le plus riche des Français. Si bien que les transformations que nous voulons opérer rencontrent des obstacles, des freins.»

"Vous ne pouvez pas accomplir des changements fondamentaux sans une certaine dose de folie. Dans ce cas précis, cela vient de l'anticonformisme, du courage de tourner le dos aux vieilles formules, du courage d'inventer le futur. Il a fallu les fous d'hier pour que nous soyons capables d'agir avec une extrême clarté aujourd'hui. Je veux être un de ces fous. Nous devons oser inventer le futur.»

"Que mes yeux ne voient jamais et que mes pieds ne m'emmènent jamais dans une société où la moitié des gens sont tenus en silence.»

"Nous ne sommes pas contre le progrès, mais nous ne voulons pas un progrès qui est anarchique et qui néglige criminellement les droits des autres.»

"L'esprit est étouffé, pour ainsi dire, par l'ignorance, mais dès que l'ignorance est détruite, l'esprit brille comme le soleil lorsqu'il perce les nuages.»

"L'inégalité ne peut être éliminée qu'en créant une nouvelle société dans laquelle les hommes et les femmes jouiront de l'égalité des droits… Ainsi, le statut de la femme ne s'améliorera qu'avec l'élimination du système qui les exploite.»

«La famille patriarcale a fait son apparition, fondée sur la propriété unique et personnelle du père, devenu chef de famille. Au sein de cette famille, la femme était opprimée.»

"Je veux que les gens se souviennent de moi comme d'une personne dont la vie a été utile à l'humanité.»

«Notre pays produit assez pour nous nourrir tous. Hélas, faute d'organisation, nous sommes obligés de demander de l'aide alimentaire. C'est cette aide qui instille dans notre esprit l'attitude des mendiants.»

"Tout ce que l'homme peut imaginer, il est capable de créer.»

"Il nous a fallu les fous d'hier pour pouvoir agir avec une extrême clarté aujourd'hui. Je veux être un de ces fous. Nous devons oser inventer l'avenir.»

«Nous mettons tout en œuvre pour que nos actions soient à la hauteur de nos paroles et vigilantes vis-à-vis de notre comportement.»

«Si vous vous promenez autour de Ouagadougou et faites une liste des manoirs que vous voyez, vous remarquerez qu'ils appartiennent à une minorité. Combien d'entre vous qui ont été affectés à Ouagadougou depuis les coins les plus reculés du pays ont dû déménager tous les soirs parce que vous avez été expulsé de la maison que vous avez louée? À ceux qui ont acquis des maisons et des terres par la corruption, nous disons: commencez à trembler. Si vous avez volé, tremblez-vous, car nous viendrons après vous.

"Nous devons oser inventer l'avenir.»

"Les femmes soutiennent l'autre moitié du ciel.»

"Camarades, il n'y a pas de vraie révolution sociale sans la libération des femmes.»

"C'est vraiment dommage qu'il y ait des observateurs qui voient les événements politiques comme des bandes dessinées. Il doit y avoir un Zorro, il doit y avoir une étoile. Non, le problème de la Haute-Volta est plus grave que cela. C'était une grave erreur d'avoir cherché un homme, une étoile à tout prix, au point d'en créer un, c'est-à-dire au point d'attribuer la propriété de l'événement au capitaine Sankara, qui devait être le cerveau, etc.»

«Nous devons apprendre à vivre à la manière Africaine. C'est la seule façon de vivre dans la liberté et dans la dignité.»

«Notre révolution au Burkina Faso s'appuie sur l'ensemble des expériences de l'homme depuis le premier souffle de l'humanité. Nous souhaitons être les héritiers de toutes les révolutions du monde, de toutes les luttes de libération des peuples du tiers monde. Nous tirons les leçons de la Révolution Américaine.»

"La révolution ne peut triompher sans l'émancipation de la femme.»

«La révolution et la libération des femmes vont de pair. Nous ne parlons pas de l'émancipation des femmes comme d'un acte de charité ou d'une poussée de compassion humaine. C'est une nécessité fondamentale pour que la révolution triomphe. Les femmes soutiennent l'autre moitié du ciel.»

«L'impérialisme est un système d'exploitation qui ne se manifeste pas uniquement sous la forme brutale de ceux qui Viennent avec des armes pour conquérir un territoire. L'impérialisme se présente souvent sous des formes plus subtiles: prêt, aide alimentaire, chantage. Nous combattons ce système qui permet à une poignée d'hommes sur la terre de gouverner toute l'humanité.»

"Que mes yeux ne voient jamais et que mes pieds ne m'emmènent jamais dans une société où la moitié des gens sont tenus en silence.»

"Sous sa forme actuelle, qui est contrôlée par l'impérialisme, la dette est une reconquête astucieusement gérée de l'Afrique, visant à en subjuguer la croissance et le développement par des règles étrangères. Ainsi, chacun de nous devient l'esclave financier, c'est-à-dire un véritable esclave.»

«Nous devons travailler à la décolonisation de notre mentalité et à la réalisation du bonheur dans les limites du sacrifice que nous devrions être disposés à faire. Nous devons reconditionner notre peuple pour qu'il s'accepte tel qu'il est, pour ne pas avoir honte de sa situation réelle, pour en être satisfait, pour s'en glorifier même.»

"Les ennemis d'un peuple sont ceux qui les gardent dans l'ignorance.»

"La Révolution Française nous a appris les droits de l'homme.»

«Camarades, il n'y a pas de véritable révolution sociale sans la libération des femmes. Que mes yeux ne voient jamais et que mes pieds ne m'emmènent jamais dans une société où la moitié des gens sont tenus en silence. J'entends le rugissement du silence des femmes. Je sens le grondement de leur tempête et la fureur de leur révolte.»

"Celui qui vous nourrit, vous contrôle.»

"Celui qui ne vous nourrit pas ne peut rien exiger de vous.»

«L'inégalité ne peut être éliminée qu'en créant une nouvelle société dans laquelle les hommes et les femmes jouiront des mêmes droits, résultant d'un bouleversement des moyens de production et de tous les rapports sociaux. Ainsi, le statut de la femme ne s'améliorera qu'avec l'élimination du système qui les exploite.»

«Che Guevara nous a appris que nous pouvions oser avoir confiance en nous, en nos capacités. Il nous a inculqué la conviction que la lutte est notre seul recours. C'était un citoyen du monde libre qu'ensemble nous sommes en train de construire. C'est pourquoi nous disons que Che Guevara est aussi africain et Burkinabé.»

"N'ayez jamais honte d'être Africain.»

"Lorsque le peuple se lève, l'impérialisme tremble.»

«Il faut mettre fin à l'arrogance des grandes puissances qui ne manquent aucune occasion de mettre en cause le droit des peuples. L'absence de l'Afrique du club de ceux qui ont le droit de veto est injuste et devrait être éliminée.»

LES CARTES

Burkina Faso sur une carte du monde

Burkina Faso sur une Carte de l'Afrique

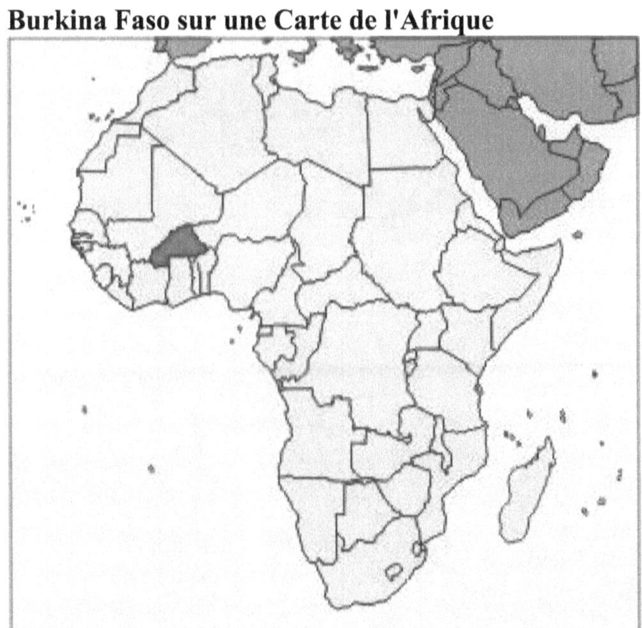

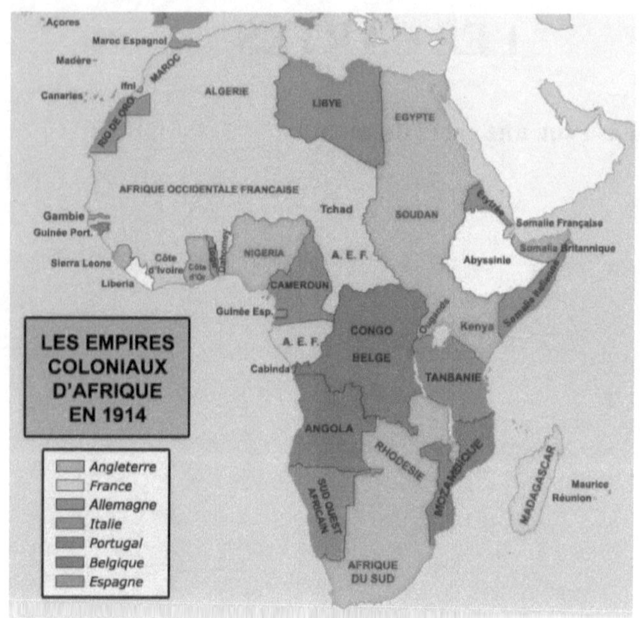

Indice de Démocratie: l'Afrique et le Monde

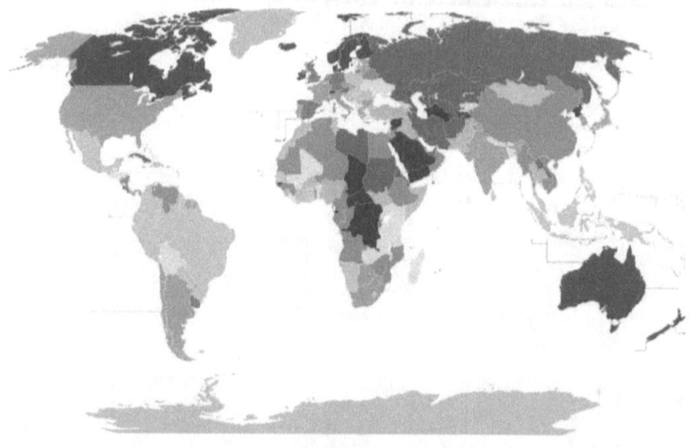

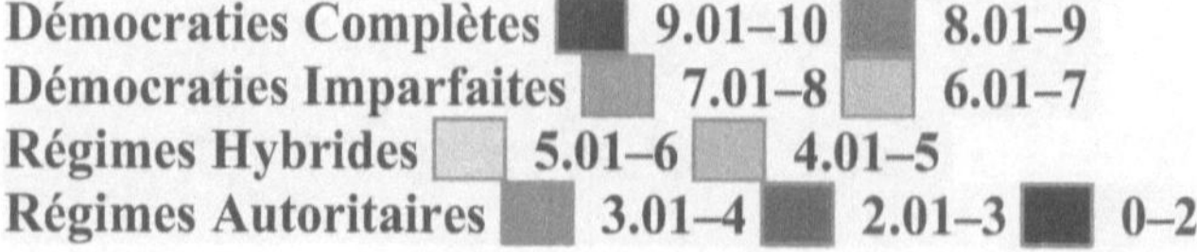

Quand l'Afrique s'est réveillée le matin du 16 Octobre 1987 et a appris la mort de Thomas Sankara, le chef charismatique du Burkina Faso, le choc, le chagrin et la mélancolie se sont installés sur le continent. Avec plus de nouvelles qu'il a été tué avec douze autres dans un coup d'Etat dirigé par le vice-président alors Blaise Compaoré, (qui après le coup devint le président et a régné jusqu'à son éviction dans un soulèvement populaire en Octobre 31, 2014), les masses Burkinabé étaient outragées. Thomas Sankara avait fait savoir au monde que Blaise Compaoré était son camarade et son confident le plus proche.

Alors, qui était ce jeune homme qui a sorti un pays enclavé d'Afrique de l'impasse, un territoire qui était le cœur de l'Empire Songhaï, et qui a ensuite montré aux gens là-bas et à leurs frères dans le reste de l'Afrique le chemin vers un avenir dépourvu de l'influence retardatrice du néocolonialisme?

****

L'histoire commence en 1949, avec la naissance de Thomas Sankara le 21 Décembre de la même année à Yako, en Haute-Volta, et devient une légende avec sa mort le 15 Octobre 1987 à Ouagadougou, au Burkina Faso des balles de ses assassins. Cependant, nous traiterons des chapitres qui constituent sa vie sur terre alors que nous explorons les façons dont il est devenu le chef de la révolution Burkinabé avant sa mort prématurée.

La montée de Sankara à la plus haute fonction de son pays natal a commencé après sa formation en tant que pilote et après qu'il a été devenu un capitaine dans l'Armée de l'Air de la Haute Volta. Mais ce n'est pas seulement son talent de pilote qui a fait de lui une figure populaire dans la capitale d'Ouagadougou, surtout après avoir combattu dans la guerre frontalière de 1974 contre le Mali. Le fait qu'il était un guitariste décent et le fait qu'il aimait les motos peut aussi avoir contribué à son charisme. Ainsi, sa nomination en tant que secrétaire d'Etat à l'Information en 1981 par le colonel Saye Zerbo, devenu président du pays après la fin du règne de 14 ans de Sangoulé Lamizana par un coup d'Etat le 25 Novembre 1980, a été saluée par le les gens du pays. Cependant, quand il a démissionné du gouvernement le 21 Avril 1982, citant la dérive anti-syndicale du régime, la population a vu un autre côté louable de son caractère qui était peu commun autour. Il était incorruptible.

Le coup d'État du 7 Novembre 1982, dirigé par le Docteur Jean-Baptiste Ouédraogo (un commandant médical --- ce qui correspond à un major dans l'armée) et le Conseil de Salut populaire (CSP) qui renversa le colonel Saye Zerbo, provoqua une résurrection de la fortune de Sankara lorsque le nouveau président le nomma Premier ministre en 1983. Mais Jean-Christophe Mitterrand, le fils du président Français François Mitterrand qui était le conseiller de son père pour les affaires Africaines, a visité la Haute-Volta cette année-là, n'aimait pas les idées politiques, la franchise et la nature incorruptible du jeune Sankara. Sankara. Jean-

Christophe Mitterrand a convaincu le président du Haute-Volta à placer Thomas Sankara et certains de ses proches collaborateurs en résidence surveillée. Son emprisonnement par les autorités a déclenché un soulèvement populaire qui ne pouvait être maîtrisé.

La saga Sankara n'aurait pas pris de nouvelles dimensions si un groupe d'hommes en Haute-Volta, aujourd'hui connu sous le nom de Burkina Faso, n'étaient pas décidé à lancer une révolution qui permettrait au pays «d'accepter la responsabilité de sa réalité et de son destin avec dignité humaine.» Blaise Compaoré a organisé un coup d'État avec l'aide du capitaine Henri Zongo, du major Jean-Baptiste Boukary Lingani et du capitaine charismatique Thomas Sankara, qui a déposé Jean-Baptiste Ouédraogo le 4 Août 1983, après quoi ils ont déclaré Thomas Sankara le nouveau chef d'Etat. Sankara, âgé de 33 ans, est devenu une figure éminente du groupe des dirigeants Africains qui souhaitait donner au continent en général, et à leurs pays en particulier, une nouvelle dimension socio-politique dépourvue des chaînes du néo-colonialisme, en particulier les autoritaires Contrôle Français de ses anciennes colonies et territoires Africains.

Thomas Sankara, le leader charismatique de gauche de l'Afrique de l'Ouest était parfois surnommé "Tom Sank" et était considéré par certains de ses admirateurs comme un "Che Guevara Africain" avant même de devenir le chef de l'Etat suite au coup d'Etat orchestré par son ami Blaise Compaoré.

****

Un an après avoir assumé les plus hautes fonctions du pays, Sankara a lancé les programmes les plus ambitieux de changement social et économique jamais entrepris sur le continent Africain. Il a changé le nom du pays de la Haute-Volta au Burkina Faso, signifiant «la terre des hommes intègres» à Mossi et Dyula, qui sont les deux principales langues du pays. Il est également venu avec un nouveau drapeau et un nouvel hymne pour le pays enthousiaste.

Le jeune président est allé à orienter la politique du pays vers la lutte contre la corruption, pour le reboisement, pour la prévention de la famine, et vers la réalisation de l'éducation et de la santé, que la plupart des gens ont accepté comme des véritables priorités pour la nation.

Ses politiques intérieures étaient axées sur :

- Prévenir la famine par l'autosuffisance agraire et la réforme agraire qui ont abouti à l'autosuffisance alimentaire trois ans après sa présidence
- Faire de l'éducation une priorité, que le gouvernement a poursuivi sans relâche par une campagne d'alphabétisation nationale
- Promouvoir la santé publique en vaccinant 2 500 000 enfants contre la méningite, la fièvre jaune et la rougeole.

D'autres aspects louables de son programme national

comprenaient :

- La plantation de plus de 10, 000,000 d'arbres, qui a permis de stopper la désertification croissante du Sahel
- Le doublement de la production de blé en redistribuant les terres des propriétaires féodaux aux paysans
- La suspension des taxes foncières rurales et des loyers domestiques
- Et le lancement d'un ambitieux programme de construction de routes et de voies ferrées pour «lier la nation».

Au niveau local, Sankara a également dirigé la campagne pour que chaque village construise un dispensaire médical et que plus de 350 communautés construisent des écoles en utilisant leur propre travail.

Juste après son arrivée au pouvoir, il est devenu le champion de l'émancipation des femmes et le droit des femmes en Afrique. En fait, cela a été confirmé par son interdiction des mutilations génitales féminines; son abolition des mariages forcés, des mariages d'enfants et de la polygamie; ainsi que par ses politiques et ses efforts pour encourager les femmes à occuper des postes de direction dans le gouvernement et la société, notamment en nommant des femmes à des postes gouvernementaux élevés et en les encourageant à travailler à l'extérieur et à rester à l'école. Quand il a écrit ça:

"La révolution et la libération des femmes vont de pair. Nous ne parlons pas de l'émancipation des femmes comme d'un acte de charité ou d'une montée de la compassion humaine. C'est une nécessité fondamentale pour le triomphe de la révolution. Les femmes tiennent l'autre moitié du ciel."

C'était le reflet de sa détermination à accroître le sort des femmes dans son pays et en Afrique.

Thomas Sankara et Fidel Castro de Cuba

****

Sankara a poursuivi une politique étrangère qui ne tolérait pas l'impérialisme et qui encourageait une coopération internationale basée sur le respect et la reconnaissance des intérêts du Burkina Faso ainsi que les intérêts des autres parties qui traitent avec le Burkina Faso. Ceci a vu son gouvernement évitant toute aide étrangère, poussant pour la réduction de dette d'une manière audacieuse, nationalisant toute la terre et richesse minérale et en évitant le pouvoir et l'influence du Fonds Monétaire International (FMI) et de son institution financière sœur — la Banque Mondiale.

L'une des raisons pour lesquelles les élites mondiales s'attendaient à ce que le Burkina Faso continue de se prosterner devant son ancien maître colonial et les institutions financières internationales est qu'il était l'un des pays les plus pauvres du monde à l'époque. Mais Sankara était différent. Il était fermement convaincu que le pays pouvait se redresser et se maintenir sans aide étrangère. Il est même allé jusqu'à refuser des paquets d'aide du Fonds monétaire international, «assistance» que l'organisme financier international a apportée avec des conditions qui leur étaient attachées et qui compromettaient la souveraineté du Burkina Faso, selon lui. Malheureusement, en personnifiant la droiture à une période juste après l'indépendance des années 60, lorsque la plupart des dirigeants révolutionnaires, Pan-Africanistes et audacieux du continent avaient été tués, renversés et intimidés ou humiliés par des menaces, des sanctions, des sabotages et d'autres mesures actives; Sankara est apparu comme une voix dans le désert. Il pensait avoir trouvé un forum pour vendre sa croisade lors du sommet de Juillet 1987 de l'Organisation de l'unité africaine, où il a tenté de persuader les chefs d'État d'autres pays africains d'agir collectivement et de ne pas payer leurs dettes financières à leurs anciens colonisateurs en déclarant cette :

> *«Les origines de la dette remontent aux origines du colonialisme... Nous ne pouvons pas rembourser la dette parce que nous ne sommes pas responsables de cette dette. Au contraire, d'autres nous doivent quelque chose qu'aucun argent ne peut payer. C'est-à-dire la dette de sang... "*

Même si les programmes révolutionnaires de Sankara pour l'autosuffisance l'ont transformé en icône aux yeux de beaucoup de pauvres en Afrique et ont accru sa popularité auprès de la plupart des citoyens pauvres du Burkina Faso, ses politiques ont amoindri les intérêts d'un large éventail de groupes (en particulier les Francophiles, la classe moyenne burkinabè, les chefs tribaux qui s'offusquaient du fait qu'il les dépouillait de leurs privilèges traditionnels de longue date au travail forcé et au paiement des hommages, et la France et son allié la Côte d'Ivoire sous Félix Houphouët-Boigny, qu'il considérait comme une marionnette de France). Ainsi, lorsque Blaise Compaoré a orchestré son renversement et son assassinat le 15 Octobre 1987, beaucoup se sont demandé s'il ne l'avait pas vu venir. Après tout, une semaine avant son assassinat, il a déclaré que :

> *«Alors que les révolutionnaires en tant qu'individus peuvent être assassinés, vous ne pouvez pas tuer des idées.»*

Son intuition fonctionnait bien, mais il ne semblait pas être le type prêt à affronter les horreurs de l'enquête et de l'élimination de ceux avec qui il travaillait étroitement. Comme beaucoup de grandes personnalités dans l'histoire du monde, il a compris que si quelqu'un vous trahit, ce n'est pas la faute de la personne trahie, surtout si le leader trahi n'a jamais eu de mauvaises intentions contre ses associés ou ses camarades. En fait, il a eu un discours avec lui le matin de sa mort qu'il avait préparé la nuit précédente afin de combler les clivages idéologiques qui se creusaient entre les factions en conflit au sein de son gouvernement. Un extrait de celui-ci se lit ainsi : *"Quelles que soient les contradictions, quelles que soient les oppositions, des solutions seront trouvées tant que la confiance règnera ..."*
Mais il n'a pas pu lire ce discours lors de la réunion du conseil ce matin-là parce que des coups de feu ont interrompu la procédure juste avant le début, suivi de cris ordonnant à tout le monde de sortir. Il a fait savoir à ses ministres effrayés que c'était lui que les hommes armés recherchaient, leur a ordonné de rester sur place, a levé les mains en l'air, puis est sorti pour trouver ses gardes du corps gisant morts dans les escaliers. L'escouade de soldats attaquants a ouvert le feu sur lui en un éclair.

Lorsque la nouvelle de l'assassinat de Thomas Sankara, le 15 Octobre 1987, est parvenue à la suite d'un coup d'État organisé par son ancien collègue Blaise Compaoré, la nouvelle a été reçu avec indignation, tristesse, appréhension et incrédulité dans toutes des pays du monde. Mais nulle part le chagrin n'était aussi grand qu'en Afrique où il était considéré par les masses comme la balise de l'espoir dans un continent dominé par des dirigeants à la disposition du mal, dont la plupart étaient des marionnettes de puissances étrangères. Blaise Compaoré a non seulement veillé à ce que Sankara soit enterré dans une tombe anonyme, mais il a aussi profané l'héritage de Sankara en inversant la plupart de ses politiques et en réalignant le Burkina Faso avec les dirigeants étrangers et les pays hostiles à Sankara. Beaucoup de gens versés dans l'histoire n'ont pas tardé à comparer Blaise Compaoré à Brutus (Marcus Julius Brutus), un homme politique de la République romaine qui a participé à l'assassinat de son ami proche l'Empereur Romain Jules César.

Le fait que Blaise Compaoré aurait arrêté Henri Zongo et Jean-Baptiste Boukary Lingani, avec qui il avait initialement statué dans un triumvirat, les accuserait de comploter pour renverser le gouvernement, les aurait sommairement jugés, puis les exécuterait en Septembre 1989, prouva que Sankara était un membre de confiance dans ce groupe qui a pris le pouvoir en 1983 et a commencé la révolution du Burkinabé.

La quête de Sankara pour réaliser les programmes les plus ambitieux de changement social et économique jamais entrepris sur le continent Africain a fini par être un rêve partiellement réalisé, mais qui est apprécié pour susciter les espoirs de la jeunesse Africaine. Aujourd'hui, il est une légende dans son pays et en Afrique trente ans après sa mort.

Antonio de Figueiredo, un journaliste, activiste et diffuseur qui a fait campagne pour la libération des colonies Africaines du Portugal, et qui a fait plus que quiconque à porter à l'attention du monde anglophones la question de l'oppression coloniale en Angola, au Mozambique, en Guinée et au Cap-Vert, a compris l'ampleur de l'influence de Thomas Sankara quand il a écrit en Février 2008 que :

> *«L'Afrique et le monde doivent encore se remettre de l'assassinat de Sankara. Tout comme nous n'avons pas encore récupéré de la perte de Patrice Lumumba, de Kwame Nkrumah, d'Eduardo Mondlane, d'Amílcar Cabral, de Steve Biko, de Samora Machel et, plus récemment, de John Garang, pour n'en nommer que quelques-uns. Alors que les forces malveillantes n'ont pas utilisé les mêmes méthodes pour éliminer chacun de ces grands Pan-Africanistes, elles ont été guidées par le même motif : garder l'Afrique enchaînée.»*

Thomas Sankara, le chef d'Etat révolutionnaire et éphémère du Burkina Faso qui a réduit son salaire à 450 dollars, a vendu la flotte gouvernementale de Mercedes Benz, interdit l'attribution de chauffeurs aux fonctionnaires et fait de la Renault 5 la voiture officielle, a été commémoré en cérémonies qui ont eu lieu au Burkina Faso, au Mali, au Sénégal, au Niger, en Tanzanie, au Burundi, en France, au Canada et aux États-Unis le 15 Octobre 2007, vingt ans après son assassinat.

La légende Africaine tant manquée qui a été éliminée de l'arène géopolitique par les forces néocoloniales de ce monde et leurs marionnettes et leurs compradors Africains, tout comme il commençait à réveiller le rêve du panafricanisme, a été exhumée en 2015 suite à une demande de sa famille.

L'exhumation a eu lieu un an après le soulèvement populaire qui a forcé Blaise Compare à se retirer du pouvoir et l'a contraint à fuir le Burkina Faso en exil en Côte d'Ivoire voisine. La colère du public contre Blaise Compaoré, qui s'était développée depuis l'assassinat de Sankara en 1987, s'est répandue dans les rues après la tentative de Compaoré en 2014 de modifier la constitution qui lui aurait permis de se présenter à nouveau pour la cinquième fois et pour deux mandats supplémentaires dans ce qui sont généralement considérés comme des mascarades électorales — une tendance observée dans les régimes autoritaires et hybrides, en particulier en Afrique Francophone dans laquelle les élections qui sont menées sont prédéterminées, même si le régime en place simule l'ensemble du processus pour paraître démocratique, masquant ainsi l'autoritarisme de leur systèmes politiques sous un mince voile de légitimité électorale. Le plan de match implique également leurs maîtres fantoches — les grandes puissances, généralement occidentales — donnant leur approbation à la mascarade avec des messages de félicitations aux titulaires ou à leurs successeurs choisis, reconnaissant ainsi efficacement les résultats de l'élection et soutenant le système et leur comprador en place contre les intérêts des gens et du pays. Compaoré essayait d'imiter

Paul Biya du Cameroun (au pouvoir depuis 1982), qui a de nouveau changé la constitution du pays en 2008 pour lui permettre deux mandats de sept ans, puis a utilisé ses forces de sécurité pour écraser les Camerounais qui sont venus dans les rues pour montrer leur désapprobation, tuant 150 manifestants dans le processus; mais il n'était pas aussi astucieux que son homologue Camerounais qui était encore plus impopulaire mais a réussi à s'en tirer avec son pari.

Un rapport d'autopsie qui a été effectué sur les restes exhumés de Thomas Sankara a révélé que le révolutionnaire anti-impérialiste est décédé de plus d'une douzaine de blessures par balle. Cela a annulé la faible affirmation selon laquelle ses assassins l'ont tué par erreur — c'est ce que son ami et successeur le plus proche a essayé de convaincre que le monde s'est passé. Comme l'a dit Ambroise Farama, l'un des avocats représentant la famille Sankara, c'était «… ahurissant… On pourrait dire qu'il était purement et simplement criblé de balles». Au contraire, les autopsies sur les corps des 12 autres soldats tués et enterré avec Sankara en 1987 a révélé qu'ils n'avaient subi qu'une ou deux blessures par balle.

Le Burkina Faso a restauré l'héritage de Thomas Sankara en tant que révolutionnaire, Pan-Africaniste, environnementaliste, féministe et humanitaire avec une statue en bronze dans la capitale Ouagadougou en Mars 2019. Cependant, la statue sera corrigée un an plus tard en Mai 2020, le rendant plus imposant et plus fidèle à la vie que le précédent.

Une statue de Thomas Sankara en Mai 2020

Trois décennies après l'assassinat de Thomas Sankara, les jeunes africains qui tentent de trouver leurs repères, réservent toujours une place de choix à l'icône révolutionnaire africaine comme l'une de ces rares figures contemporaines produites par le continent qui peuvent être saluées comme un modèle et une figure avec laquelle s'identifier. Son héritage s'étend rapidement au-delà de l'Afrique alors que de plus en plus de gens le reconnaissent comme un précurseur de la lutte environnementale, comme une figure exceptionnelle de la cause contre le mondialisme financier, comme un défenseur du non-paiement des dettes illégitimes et comme un prototype de développement autonome contre le modèle libéral de développement qui ne profite qu'à une petite minorité.

En fait, aujourd'hui, de nombreux livres, articles et

autres œuvres d'art glorifient la légende africaine désintéressée qui a pris sur lui la tâche colossale de mettre les gens sur leurs pieds et de leur montrer la voie vers un avenir sans influence néocolonialiste qui est enveloppé dans le commerce, les finances et les cultures importées qui sapent la force des valeurs communalistes africaines et le caractère sacré de la famille.

Le Niveau de Démocratie en Afrique

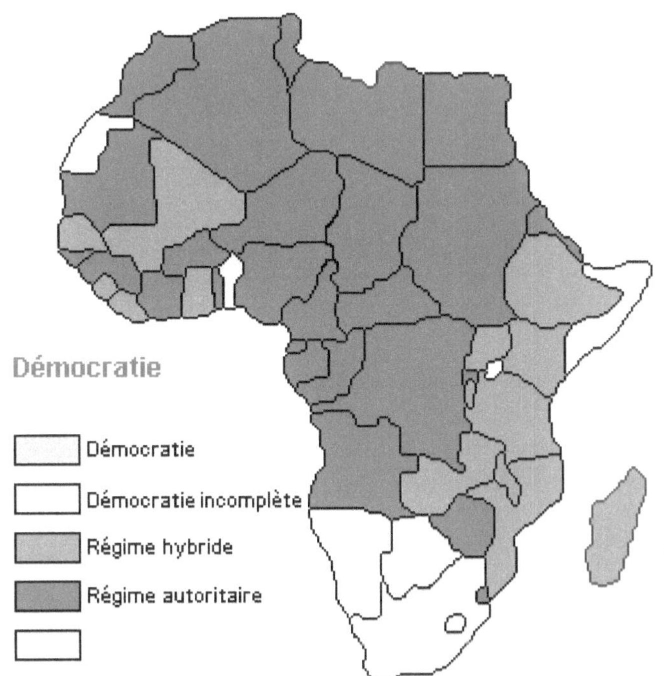

Les Pays d'Afrique

Chapitre Quatre

Mouammar al-Kadhafi

Les Citations par Mouammar Kadhafi

« La liberté de l'homme fait défaut si quelqu'un d'autre contrôle ce dont il a besoin, car le besoin peut entraîner l'asservissement de l'homme par l'homme.»

« Faites savoir aux gens libres du monde que nous aurions pu négocier et vendre notre cause en échange d'une vie personnelle sûre et stable. Nous avons reçu de nombreuses offres à cet effet, mais nous avons choisi d'être à l'avant-garde de la confrontation comme un signe de devoir et d'honneur.»

« «Il doit y avoir une révolution mondiale qui mette fin à toutes les conditions matérialistes empêchant la femme de jouer son rôle naturel dans la vie et la poussant à remplir les devoirs de l'homme afin d'être égales en droits. »

«Une fois qu'un dirigeant devient religieux, il devient impossible pour vous de débattre avec lui. Une fois que quelqu'un règne au nom de la religion, votre vie devient un enfer. »

« Les nations dont le nationalisme est détruit sont sujettes à la ruine.»

« Je n'ai que mépris pour l'idée d'une bombe islamique. Il n'y a pas de bombe islamique ou de bombe chrétienne. Une telle arme est un moyen de terroriser l'humanité et nous sommes contre la fabrication et l'acquisition d'armes nucléaires. Ceci est conforme à notre définition du terrorisme et à notre opposition au terrorisme.»

« Je ne ferai pas partie d'une conspiration pour mobiliser les Arabes contre les Perses. Seules les forces du colonialisme bénéficient d'une telle conspiration. Je ne ferai pas partie d'une conspiration qui divise l'Islam en deux - l'Islam chiite et l'Islam sunnite - mobilisant l'Islam sunnite contre l'Islam chiite.»

« Les temps du nationalisme et de l'unité Arabes ont disparu pour toujours. Ces idées qui ont mobilisé les masses ne sont qu'une monnaie sans valeur. La Libye a dû supporter trop de la part des Arabes pour qui elle a versé du sang et de l'argent.»

LES CARTES

Libye sur une Carte du Monde

Libye sur une Carte du Monde Arabe

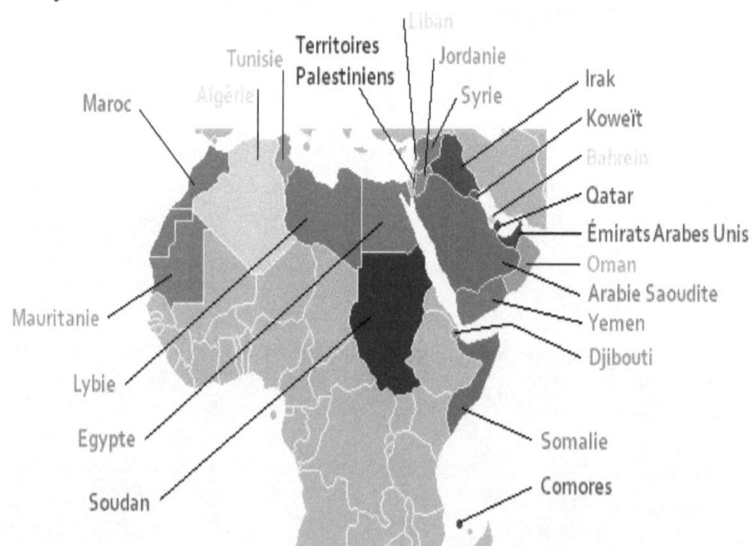

La Libye sur la Carte de l'Afrique

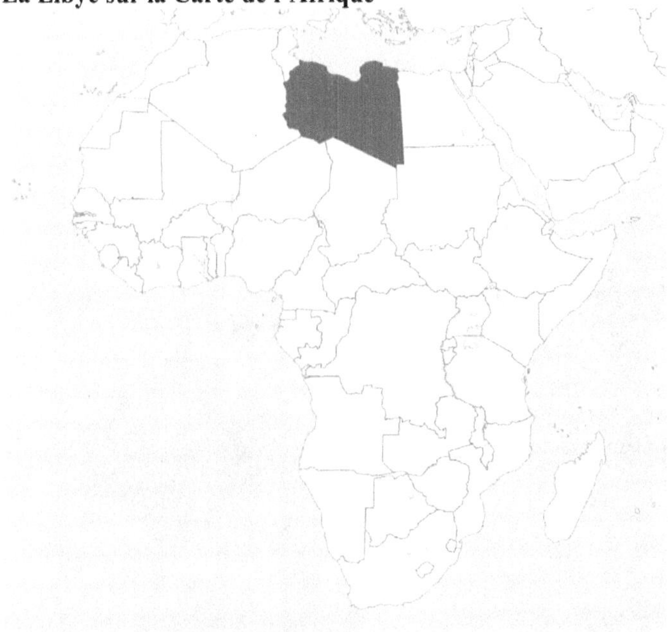

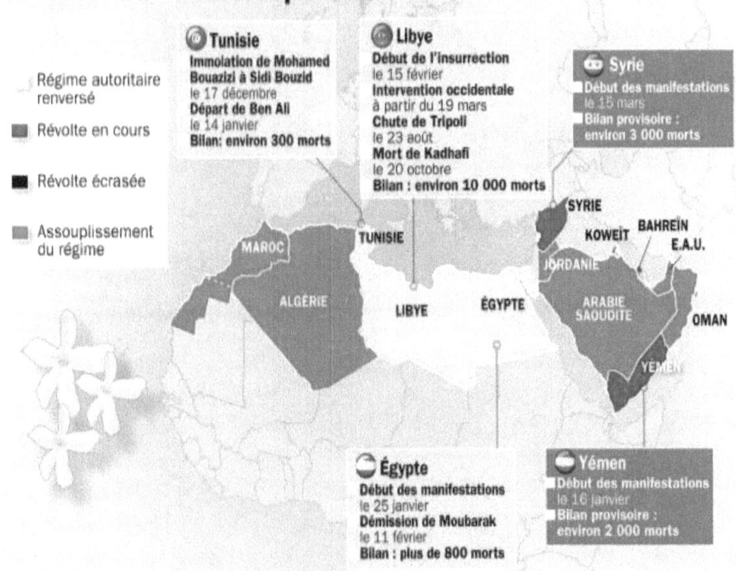

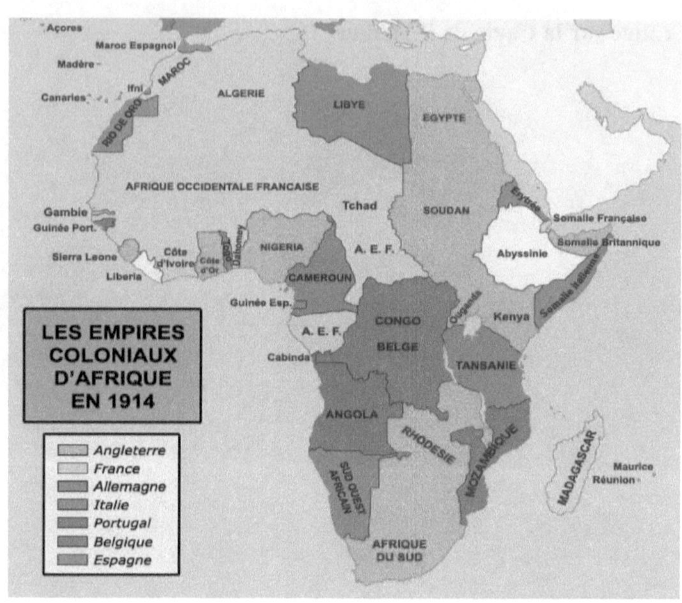
LES EMPIRES
COLONIAUX
D'AFRIQUE
EN 1914
Angleterre
France
Allemagne
Italie
Portugal
Belgique
Espagne
Açores
Maroc Espagnol
Madère
Ifni
Canaries
RIO DE ORO
MAROC
ALGERIE
LIBYE
EGYPTE
AFRIQUE OCCIDENTALE FRANCAISE
Tchad
SOUDAN
Erythrée
Somalie Française
Gambie
Guinée Port.
Somalie Britannique
Sierra Leone
Côte
d'Ivoire
Côte
d'Or
Togo
Dahomey
NIGERIA
A. E. F.
Abyssinie
Somalie Italienne
Liberia
CAMEROUN
Guinée Esp.
A. E. F.
CONGO
BELGE
Ouganda
Kenya
Cabinda
TANSANIE
ANGOLA
RHODESIE
MOZAMBIQUE
MADAGASCAR
Maurice
Réunion
SUD OUEST
AFRICAIN
AFRIQUE
DU SUD

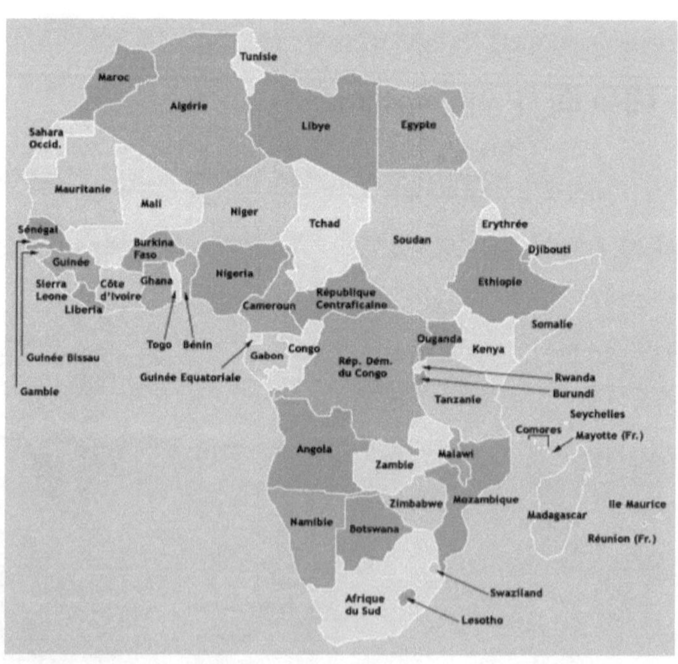
Tunisie
Maroc
Algérie
Libye
Egypte
Sahara
Occid.
Mauritanie
Mali
Niger
Tchad
Erythrée
Soudan
Djibouti
Sénégal
Burkina
Faso
Guinée
Ethiopie
Sierra
Leone
Côte
d'Ivoire
Ghana
Nigeria
République
Centraficaine
Somalie
Liberia
Cameroun
Ouganda
Kenya
Togo
Bénin
Gabon
Congo
Rép. Dém.
du Congo
Rwanda
Guinée Bissau
Guinée Equatoriale
Burundi
Gambie
Tanzanie
Seychelles
Comores
Mayotte (Fr.)
Angola
Malawi
Zambie
Zimbabwe
Mozambique
Ile Maurice
Namibie
Botswana
Madagascar
Réunion (Fr.)
Swaziland
Afrique
du Sud
Lesotho

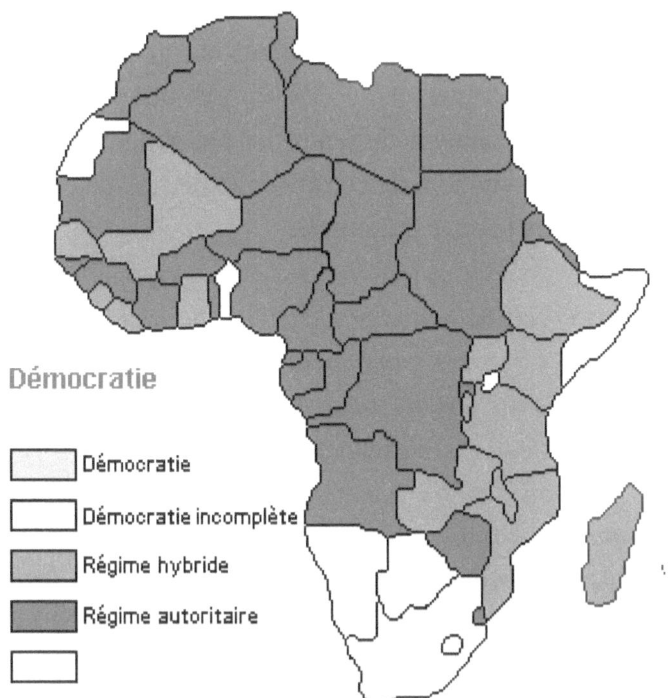
Démocratie
Démocratie
Démocratie incomplète
Régime hybride
Régime autoritaire

Pour encore un peu de temps, l'histoire de Mouammar Kadhafi continuera de figurer dans les grands discours politiques en Afrique et au Moyen-Orient; et sa vie et surtout sa mort seraient de temps en temps une source de satisfaction, d'irritation, de controverse, de rue, de colère et de dégoût dans le reste du monde.

Comment ce personnage divisant qui a dominé la politique Libyenne pendant quatre décennies, qui a soutenu l'unité Arabe puis Africaine, qui a apporté des améliorations significatives à la qualité de vie des Libyens, en faisant cela, a fait l'envie de ses compatriotes dans le reste de l'Afrique, et qui a été salué par certains pour sa position anti-impérialiste; comment s'est-il trouvé isolé, hanté par l'OTAN (Organisation du Traité de l'Atlantique Nord) et finalement tué par les Libyens dans une guerre civile où ses ennemis étrangers combattaient avec les rebelles Libyens? Pourquoi était-il fortement opposé par les fondamentalistes Islamiques, condamné par les puissances occidentales comme un dictateur qui a violé les droits humains de son peuple et qui a financé le terrorisme mondial, et pourquoi était-il tenu à distance par ceux avec qui il voulait travailler?

Nous pouvons trouver quelques-unes des réponses du compte ci-dessous.

****

Le controversé Mouammar al-Kadhafi qui était le chef d'Etat de longue date de l'Afrique jusqu'à son éviction et sa mort le 20 Octobre 2011, est né le 7 Juin 1942 d'une famille tribale appelée al-Qadhafah dans la commune côtière centrale de Syrte, qui est situé dans le centre de la Libye. C'était à une époque où la Libye était une colonie Italienne. Quand, en 1951, la Libye obtint son indépendance comme le Royaume-Uni de Libye — une monarchie constitutionnelle et héréditaire sous le Roi allié de l'Ouest Idris, Kadhafi savait à peine ce qui se passait autour de lui. Cependant, le mouvement nationaliste Arabe l'influencerait beaucoup en tant qu'un jeune homme, et il admirerait le chef de ce mouvement, l'homme fort Égyptien Gamal Abdel Nasser, au point où il a décidé de devenir un soldat comme son héros Égyptien, un rêve qu'il a accompli en entrant le collège militaire dans la ville de Benghazi, dans l'est de la Libye, en 1961. Il finira par passer quatre mois d'entraînement militaire au Royaume-Uni.

En Libye, Kadhafi a progressivement gravi les échelons de l'armée, en tant que l'exploitation du pétrole a apporté des richesses au pays. Cependant, la désaffection a augmenté sur la concentration accrue de la richesse de la nation entre les mains du Roi Idris. C'est à cette époque que le talentueux et charismatique Kadhafi s'est impliqué dans un mouvement de jeunes officiers qui étaient déterminés à renverser le roi. Il finirait par s'élever au pouvoir dans le groupe à la position de leadership. Le 1er Septembre 1969, alors que le Rois Idris se trouvait à l'étranger en Turquie pour y recevoir des soins médicaux, le groupe a renversé le monarque Libyen. Ils ont nommé Kadhafi comme Le commandant en chef des forces armées et président du Conseil de Commandement Révolutionnaire - un nouvel organe dirigeant de la Libye. Il avait vingt-sept ans à l'époque.

L'une des premières mesures prises par les nouvelles autorités pour renforcer leur autorité sur le pays d'Afrique du Nord était de fermer immédiatement les bases militaires Américaines et Britanniques en Libye et de demander énergiquement à leurs compagnies pétrolières étrangères de partager avec la Libye une plus grande proportion des revenus générés par le pétrole qu'ils exploitaient en Libye. Au cours de cette même année, ils ont interdit la vente d'alcool et remplacé le calendrier grégorien par le calendrier islamique. Une tentative de coup d'Etat manquée par ses collègues officiers en Décembre 1969 obligerait Kadhafi à mettre en place des lois criminalisant la dissidence politique. Il expulsera les derniers Italiens de la Libye en 1970 et soulignera ce qu'il a considère comme une bataille entre le nationalisme Arabe et l'impérialisme occidental. Cela le verrait également s'opposer vocalement au sionisme et à Israël. Cela aboutirait à l'expulsion de la communauté Juive du pays. Alors que les relations avec l'Occident se détérioraient de plus en plus, le cercle intime de personnes de confiance de Kadhafi devint de plus en plus petit. Ce contrôle et cette suspicion grandissants conduiraient à l'émergence d'un état policier dont les agents de renseignement seraient assez audacieux pour s'attaquer même aux Libyens vivant en exil qu'ils jugeaient travailler avec les ennemis de l'État Libyen.

Les premières années du régime de Kadhafi l'ont vu faire de vigoureuses tentatives pour orienter la Libye de l'Occident vers le Moyen-Orient et l'Afrique. Cependant, la Libye entrerait dans un conflit militaire avec l'Egypte et le Soudan après qu'ils se sont réorientés vers l'Occident après la signature de l'accord de paix Israélo-égyptien entre le successeur de Gamal Abdel Nasser (Anouar Sadate) et le Premier ministre Israélien Menahem Begin, qui était de la droite dans la politique Israélienne. La Libye serait même impliquée dans la guerre civile sanglante au Tchad contre la faction pro-Française dans le conflit.

****

Quand, dans les années 1970, Kadhafi a publié le premier volume du Livre Vert, un ouvrage en trois volumes décrivant les problèmes de la démocratie libérale et du capitalisme et visant à promouvoir sa politique comme remède, il a causé beaucoup de gens à lever ses sourcils parce que ses adversaires ont vu l'action comme étant plus que sa tentative d'expliquer sa philosophie politique. Son affirmation selon laquelle leur nouvelle Libye se vantait de comités populaires et de propriété partagée, a suscité des inquiétudes dans plusieurs milieux, même si les idées contenues dans le livre n'étaient pas reflétées sur le terrain en Libye, comme il le prétendait.

Même si le sort du Libyen moyen sous son règne est devenu meilleur au point de devenir le meilleur en Afrique, les ennemis étrangers de Kadhafi ne sont pas les seuls à avoir remarqué une dose d'excentricité dans son style de gouvernement. Le fait qu'il avait un groupe de gardes du corps féminins dans les talons, même si la Libye était un pays Musulman situé dans une région où les questions des droits des femmes étaient encore dans les remous; le fait qu'il se considérait comme le Roi de l'Afrique après que certains dirigeants Africains eurent apprécié son élan pour une Union Africaine et lui décernèrent ainsi le titre; le fait qu'il était connu pour ériger une tente pour rester dans quand il voyageait à l'étranger; le fait qu'il portait des tenues qui, bien que reconnaissables dans plusieurs régions d'Afrique, ne correspondaient pas à la norme diplomatique; le fait qu'il n'était pas politiquement correct et parlait souvent dans un monde où la plupart des dirigeants préféraient garder les choses sous le radar; et le fait qu'il ne laisserait pas la Libye devenir le vassal d'aucune des grandes puissances, lui a fait un canon lâche dans beaucoup de cercles de pouvoir au monde.

De gauche à droite: Kadhafi, Yasser Arafat de l'Organisation de Libération de la Palestine, l'Egyptien Abdel Nasser et le Roi de Jordanie Hussein bin Talal (1970)

Ronald Reagan, le quarantième (40emme) président des États-Unis d'Amérique, qualifierait Kadhafi comme l «Le Chien Enragé du Moyen-Orient» après avoir conclu que le chef d'état Libyen était non seulement impitoyable en écrasant la dissidence contre son régime autocratique en Libye alors que ses agents ont traqué et tué ses adversaires à l'étranger, son gouvernement était également impliqué dans le financement de nombreux des groupes anti-occidentaux dans le monde, y compris des groupes terroristes comme le Baader Meinhof d'Allemagne, La Brigade Rouge Japonaise, le Parti Républicain Irlandais et les nombreux groupes Palestiniens qui se battent contre Israël. Le fait qu'il soutenait aussi des mouvements de libération en Afrique comme le Congrès National Africain (ANC) dans sa campagne contre l'Apartheid en Afrique du Sud, le

MPLA contre le maître colonial Portugais en Angola, le FRELIMO contre la domination coloniale Portugaise au Mozambique, SWAPO contre la domination coloniale Sud-Africaine en Namibie, et POLISARIO contre l'occupation Marocaine de Sahara occidental; et le fait qu'il a financé des coups d'Etat contre des chefs d'Etat Africains, que il considérait comme les marionnettes des puissances occidentales faisaient de lui un irritant dans le monde des «nations civilisées".

À la suite d'un attentat à la bombe en Allemagne contre un club de danse de Berlin-Ouest qui a fait trois morts et des dizaines de blessés, les États-Unis d'Amérique a accusé la Libye de l'attentat terroriste et président Ronald Reagan, le président des États-Unis a ordonné l'attentat à la bombe contre des cibles spécifiques en Libye, y compris la résidence de Kadhafi dans la capitale Libyenne de Tripoli. Dans la campagne, les États-Unis a perdu un avion qui a été abattu, entraînant la mort de deux de ses membres d'équipage. Kadhafi n'a pas été tué dans la campagne militaire, mais la Libye a perdu 45 soldats et fonctionnaires et 15 à 30 civils, dont était une jeune fille que Kadhafi a revendiquée était sa fille adoptive appelée Hanna. En outre, des dizaines de matériels militaires du pays Nord-Africain ont été détruits.

La Libye a été accusée d'avoir perpétré l'attentat de Lockerbie en 1988 lorsqu'un avion transportant 259 personnes a explosé près de Lockerbie, en Écosse, tuant tous les passagers à bord. La chute des débris qui en résulterait tuerait 11 civils de plus sur le terrain. Les

Nations Unies ont mis la Libye sous sanctions au motif qu'elle était impliquée dans l'attentat. Mais ce n'était pas tout. Plusieurs Libyens, dont un Kadhafi, étaient également soupçonnés d'être à l'origine de l'explosion du biréacteur à réaction Français UTA Flight 772 en 1989, tuant les 170 passagers à bord de l'avion, y compris l'ambassadeur des États-Unis au Tchad.

Il y a une école de pensée que le rapprochement entre la Libye et l'Occident qui a commencé dans les années 1990 était d'une forte poussée des fils de Kadhafi qui étaient orienté aux pays occidentaux dans leurs vues. Cependant, le dégel de la relation entre Kadhafi et l'Occident se produisait à une époque de menace croissante des islamistes qui s'opposaient à son règne. Il a commencé à partager des informations avec les services de renseignement Britanniques et Américains pour contenir et neutraliser ce fondamentalisme islamique grandissant.

Ainsi, en 1994, le nouveau président Sud-Africain Nelson Mandela (il avait passé 27 ans dans la prison de gouvernement apartheid Sud-Africain avant sa libération en 1990 qui a entamé le processus pacifique de démantèlement de l'apartheid) a persuadé le leader Libyen de livrer les ressortissants Libyens soupçonnés pour comploter l'attentat de Lockerbie, les gens n'auraient pas dû être surpris quand Kadhafi a accédé. Il a fait confiance à Nelson Mandela, qui s'est avéré être le seul dirigeant étranger à se rendre une visite en Libye lors de l'embargo sur le pays et des années d'interdiction de vol. Cela a marqué le début du rétablissement des relations avec l'Occident sur plusieurs fronts qui semblaient annoncer une nouvelle ère dans les relations entre la Libye et l'Occident. En fait, c'est au cours des années 1990 que Kadhafi a renoncé à soutenir les différents mouvements Pan-Arabe et Africains, en particulier les groupes Palestiniens. Au lieu de cela, il s'est concentré sur la levée des sanctions contre la Libye. Certains disent qu'il a abandonné les Palestiniens après que l'OLP de Yasser Arafat a omis de l'informer des négociations secrètes qu'ils menaient avec les Israéliens qui ont mené à la signature des Accords d'Oslo I du 13 Septembre 1993 sur la conclusion d'un accord de paix entre Israël et Palestiniens. Son statut de paria à l'époque provenait principalement des actions de la Libye en faveur des Palestiniens.

****

Les attentats terroristes du 11 Septembre 2001 aux États-Unis modifieraient le paysage géostratégique du monde, surtout lorsque George W. Bush, le 43e président des États-Unis d'Amérique a déclaré: «Soit vous êtes avec nous, ou soit vous êtes contre nous". C'a été chuchoté dans les hautes cercles du pouvoir peu après les attentats que les Etats-Unis avaient l'intention de faire tomber les régimes dans les pays que George Bush accusait d'être «l'Axe du Mal", comprenant l'Iran, l'Irak, la Corée du Nord, le Cuba, la Libye, le Soudan et la Syrie.

Ainsi, quand la Libye a résolu pacifiquement avec les Etats-Unis en Décembre 2003 d'éliminer son programme d'armes de destruction massive, y compris un programme d'armement nucléaire vieux de plusieurs décennies, beaucoup de gens ont douté l'affirmation du chef d'Etat Libyen qu'il a abandonné le programme parce qu'il ne voulait pas que ces armes tomber entre les mains des terroristes. Ils ont plutôt soutenu que Kadhafi s'est débarrassé de son programme d'armes de destruction massive parce qu'il a succombé aux menaces des Américains.

Beaucoup de critiques de Kadhafi n'étaient pas heureux que l'homme fort Libyen soit accueilli dans les capitales occidentales. Lorsque le premier ministre Italien Silvio Berlusconi se vanta publiquement d'être parmi les amis de Kadhafi, de nombreux critiques du chef d'état Libyen se demandaient si la nouvelle amitié de Kadhafi et de l'Occident ne reposait pas sur le commerce et l'accès au pétrole Libyen. Pendant des années, les fils de Kadhafi, et plus particulièrement son fils et héritier présomptif, Seif al-Islam Kadhafi, se mêlèrent librement à la haute société londonienne et à d'autres sociétés élevées dans plusieurs régions d'Europe et d'Amérique. Comme pour récompenser la Libye et son homme fort de «changer leurs habitudes», l'Organisation des Nations Unies (L'ONU) a assoupli les sanctions contre la Libye en 2001, ce qui a facilité la tâche aux compagnies pétrolières étrangères de conclure de nouveaux contrats lucratifs pour opérer librement dans le pays. Le résultat a été non seulement une injection massive de capitaux en Libye, mais aussi une amélioration du niveau de vie, plus de liberté dans le pays et une plus grande exposition au monde extérieur.

Lorsque certains pays et dirigeants Arabe s ont accusé Kadhafi de donner à Israël un avantage stratégique plus important dans la région en désarmant, en donnant crédit à la doctrine Américaine de la guerre préventive et en refusant d'obtenir des garanties de sécurité pour la Libye et le monde Arabe , le gouvernement Libyen et ses supporters ont répondu qu'en renonçant son programme d'armement nucléaire, la nouvelle réalité a permis à la Libye de revenir au sein de la communauté internationale des nations, d'obtenir un siège temporaire du Conseil de sécurité des Nations Unies et d'économiser de l'argent en investissant dans le peuple Libyen et dans le développement du pays.

De nombreux partisans de Kadhafi, notamment en Afrique, soutiennent que Kadhafi a mobilisé la résurgence économique de la Libye en capital politique sur le continent et qu'il a commencé à promouvoir la création rapide d'une Union Economique Africaine qui devait venir à l'existence avec une monnaie soutenue par l'or pour être appelé le Dinar, un résultat qui aurait effectivement réduit le rôle dominateur néo-colonialiste de la France en Afrique Francophone. Ce plan de jeu rendit Kadhafi intolérablement aux yeux de la France et de ses autres alliés occidentaux. Cependant, ses détracteurs pensent que sa domination dictatoriale, son obstination et son incapacité à s'adapter à la clameur pour la démocratie et la liberté ont déclenché la protestation contre son règne, une demande de changement fondamental du système qui a dégénéré en soulèvement, puis en guerre civile.

****

Kadhafi a d'abord pensé que le printemps Arabe qui a commencé en Tunisie en Janvier 2011, s'est étendu à l'Egypte le mois suivant, et qui a abouti à l'éviction de Zine El-Abidine Ben Ali et Hosni Moubarak de Tunisie et d'Egypte respectivement, contourneraient la Libye. Mais ce n'était pas le cas. Il avait été au pouvoir pendant quatre décennies et ne pouvait pas être insensible à l'opposition. Les changements politiques dans les pays voisins de l'Est et de l'Ouest Libyens ont stimulé le moral des citoyens des différents pays Arabe s pour protester. En Libye, des manifestations ont éclaté dans la ville orientale de Benghazi, qui est connue pour son opposition à Tripoli, et se sont répandues dans toute la Libye, malgré les mesures de carotte et de bâton utilisées par le régime de Kadhafi pour enrayer la situation.

Les premières mesures indécises de Kadhafi ont encouragé les manifestants et l'impasse a rapidement dégénéré en un soulèvement armé. Ses détracteurs l'ont accusé d'avoir aggravé la situation, d'avoir mené une répression sanglante et d'avoir utilisé des mercenaires étrangers. Kadhafi a pour son part affirmé que les manifestants étaient des traîtres, des étrangers, des adeptes d'Al-Qaïda et des toxicomanes. Il a exhorté ses partisans à continuer la lutte contre la nouvelle résistance. À la fin de Février 2011, les rebelles avaient formé un organe directeur appelé le Conseil National de Transition (CNT). A la fin Mars, une coalition de l'OTAN dirigée par la France a commencé à soutenir les forces rebelles sous la forme de frappes aériennes et d'un Zone d'Exclusion Aérienne (No-Fly Zone), avec un soutien logistique fourni par les Etats-Unis. L'intervention militaire de l'OTAN au cours des six prochains mois détruirait l'armée de l'air Libyenne et décimerait les forces armées du pays, si bien que la plupart de ceux qui combattaient pour Kadhafi finissaient par n'avoir aucun lien avec l'armée régulière. Les attaques de l'OTAN se sont révélées décisives lorsqu'une ville Libyenne, après l'autre, est tombée entre les mains des rebelles et qu'une frappe aérienne a tué l'un des fils de Kadhafi en Avril de la même année.

Quand en Juin 2011, la Cour Pénale Internationale a émis des mandats pour l'arrestation de Kadhafi, de son fils Seif al-Islam et de son beau-frère pour crimes contre l'humanité, le monde a compris que les pouvoirs en place avaient désavoué Kadhafi et qu'il n'y avait pas d'avenir pour son régime. Lorsque plus de 30 pays ont reconnu le CNT comme le gouvernement légitime de la Libye le mois suivant, c'est devenu clair que Kadhafi avait perdu la guerre civile. Tripoli, la capitale, est tombée aux mains des forces rebelles à la fin du mois d'Août, provoquant la fin symbolique du régime de Kadhafi alors qu'il se retirait à

Syrte, sa ville natale, même si la plupart de ses ennemis ne pouvaient pas dire où il était. Il avait essentiellement perdu le contrôle de la Libye, mais on ne savait pas où il se trouvait.

Ainsi, quand le 20 Octobre 2011, le monde a appris que Mouammar Kadhafi était mort près de sa ville natale de Syrte, en Libye, après une attaque aérienne de l'OTAN contre son convoi qui l'a forcé à se cache, où il a été découvert peu après par les combattants rebelles qui ont procédé à le tuer, beaucoup de gens ont trouvé la nouvelle inquiétante. Cependant, des vidéos ont montré que le corps ensanglanté de Kadhafi était traîné par des combattants rebelles, et que son cadavre était exposé. Autres vidéos ont aussi montre les derniers moments de vie de son autre fils Mutassim Kadhafi, et plus tard du corps sans vie de Mutassim après avoir été exécuté.

Alors que les nouvelles de la mort de Kadhafi se propageaient, poussant de nombreux Libyens à dévaler les rues pour célébrer ce que beaucoup considéraient comme le point culminant de leur révolution et le début d'un nouveau chapitre de leur histoire, d'autres y voyaient le mort de Kadhafi comme preuve que les anciennes puissances coloniales qui n'avaient pas les intérêts du peuple Libyen dans leurs âmes avaient réussi à vaincre un rempart majeur à leurs plans sur l'exploitation étrangère continue et le contrôle de la Libye et de l'Afrique. Ce sentiment était profondément ressenti au Moyen-Orient, et plus particulièrement en Afrique où les nouvelles avaient atteint beaucoup des gens que Kadhafi avait caché l'or et l'argent évalué à plus de 7 milliards de dollars, qu'il avait l'intention d'utiliser pour établir une monnaie pan-Africaine basée sur le Dinar doré Libyen, une monnaie qui aurait fourni aux pays d'Afrique Francophone une monnaie alternative au Franc Français (CFA), considéré dans de nombreux cercles comme l'un des instruments de l'exploitation Française et de l'étranglement de ses anciennes colonies et territoires en Afrique.

Carte Ethnique et Tribale de la Libye

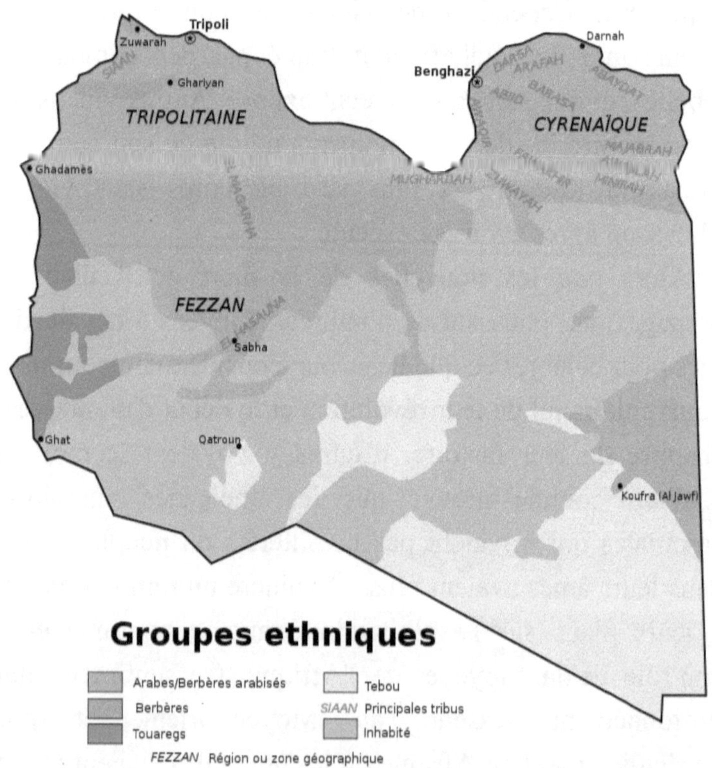

Groupes ethniques

Carte de la Division de la Libye Aujourd'hui

Les médias (en particulier au Moyen-Orient) ont spéculé que le renversement et le meurtre de Kadhafi rendraient l'Iran, la Corée du Nord et peut-être d'autres pays plus réticents à abandonner leurs programmes nucléaires et / ou leurs armes nucléaires en raison du risque d'être affaibli / ou d'être double-croisé après. Beaucoup des gens en Afrique ont accusé les grandes puissances de doubles standards, se demandant pourquoi les puissances occidentales ont côtoyé des dictateurs comme Paul Biya du Cameroun (au pouvoir depuis 1982), les Bongos (Omar, du 2 Décembre, 1967 — 8 Juin, 2009, et maintenant son fils Ali depuis le 16 Octobre, 2009), les Eyademas (Gnassingbé, du 14 Avril 1967 — le 5 Février, 2005, et son fils Faure Essozimna depuis le 04 Mai, 2005), et autres dictateurs qui appauvrissent leur peuple, sont détestés par les gens ordinaires du monde. Pourtant, ces grandes puissances permettent à ces dictateurs qui sont aussi connus pour rigoureusement et de manière flagrante truquer les élections de rester au pouvoir — un sacrilège à la démocratie comme nous voyons ces marionnettistes fermant leurs yeux ou donnant leurs bénédictions aux marionnettes.

Alors que la Libye post-Kadhafi continue d'être mêlée à la violence six ans après sa mort; alors que les islamistes armés rendent le pays ingouvernable; alors que les seigneurs de la guerre et les milices armées créent une situation qui fait de la Libye un ensemble de fiefs; Alors que deux gouvernements rivaux règnent dans le pays, beaucoup de gens se demandent si la Libye serait capable de mettre en place un système opérationnel de sitôt, un nouveau système qui fonctionne mieux que la règne controversé du Mouammar Kadhafi. Il était un grand méchant, avide de pouvoir, impitoyable mais aussi patriotique. Tout le monde peut voir qu'il n'a pas laissé derrière lui un héritage pacifique qui pourrait être imité par les générations futures, un échec qui permet aux forces étrangères qu'il avait ardemment voulu garder hors de Libye de façonner librement ou d'empêcher la configuration de l'avenir du pays.

L'effet d'entraînement de la guerre civile Libyenne s'est répandu en Afrique du Nord et de l'Ouest, alors que des milliers de combattants, principalement des Touaregs du Mali et du Niger qui soutenaient Kadhafi ou le CNT pendant le conflit, sont rentrés dans leur pays avec un large éventail d'armes et de munitions, déclenchant une série de conflits civils au Niger, au Mali, en Algérie, au Nigeria, au Cameroun, au Tchad et en République Centrafricaine. Aujourd'hui, il y a peu de clameurs pour une Union Economique Africaine car aucun autre chef d'Etat Africain n'a pris la tête de l'effort après la mort de Kadhafi, laissant le continent comme la dernière frontière dans une nouvelle quête par les puissances industrielles du monde de sécuriser rapidement les ressources en diminution.

Indice de Démocratie: l'Afrique et le Monde

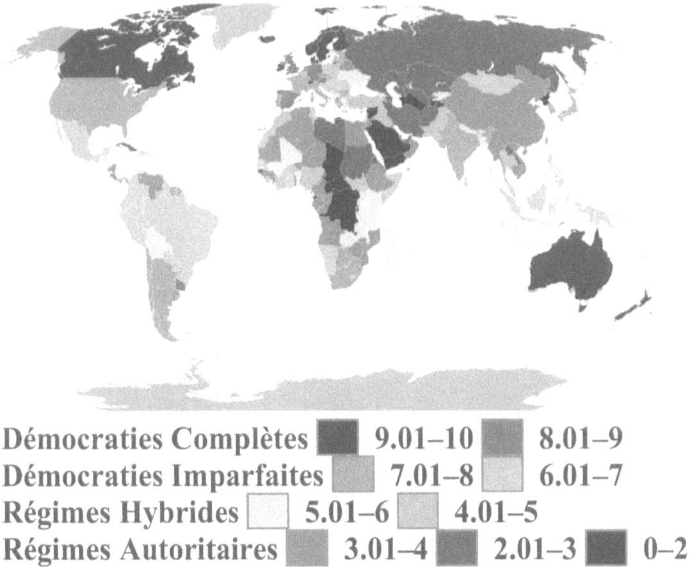

Démocraties Complètes   9.01–10   8.01–9
Démocraties Imparfaites   7.01–8   6.01–7
Régimes Hybrides   5.01–6   4.01–5
Régimes Autoritaires   3.01–4   2.01–3   0–2

Les Pays D'Afrique

Chapitre Cinq

Anouar el-Sadate

Les Citations par Anouar el-Sadate

«La paix est beaucoup plus précieuse qu'un terrain ... il ne devrait plus y avoir de guerres.»

"Celui qui ne peut pas changer le tissu même de sa pensée ne pourra jamais changer la réalité.»

"Il ne peut y avoir d'espoir que pour une société qui agit comme une grande famille, et non comme autant de familles séparées.»

"La plupart des gens cherchent ce qu'ils ne possèdent pas et sont asservis par les choses mêmes qu'ils veulent acquérir.»

"La peur est, je crois, un outil très efficace pour détruire l'âme d'un individu, et l'âme d'un peuple.»

«Une grande souffrance a un côté positif pour lequel nous pouvons être reconnaissants, car elle construit un être humain et le met à la portée de la connaissance de soi.»

"Ce [fondamentalisme] n'est pas une religion. C'est de l'obscénité. Ce sont des mensonges, l'utilisation criminelle du pouvoir religieux pour égarer les gens.»

"Il n'y a pas de bonheur pour les gens au détriment des autres.»

"Je crois que pour la paix, un homme peut, même devrait, faire tout ce qui est en son pouvoir. Rien dans ce monde ne peut être plus haut que la paix.»

«Si vous n'avez pas la capacité de changer vous-même et vos propres attitudes, alors rien autour de vous ne peut être changé.»

«Les Russes peuvent vous donner des armes, mais seuls les Etats-Unis peuvent vous donner une solution.»

«Je ne me soucie pas du succès socialement reconnaissable. Je ne valorise que ce succès que je peux ressentir en moi, qui me satisfait et qui découle essentiellement de la connaissance de soi.»

"Aimer signifie donner, et donner des moyens pour construire, tandis que haïr c'est détruire.»

"J'ai été élevé à croire que la façon dont je me voyais était plus importante que la façon dont les autres me voyaient.»

"Qu'il n'y ait plus de guerre ni d'effusion de sang entre Arabes et Israéliens. Qu'il n'y ait plus de souffrance ni de déni de droits. Qu'il n'y ait plus de désespoir ni de perte de foi.»

"Le vrai succès est le succès avec soi-même. Ce n'est pas en ayant des choses, mais en ayant la maîtrise, en ayant la victoire sur soi.»

"La foi signifie qu'un homme devrait considérer n'importe quelle catastrophe simplement comme un coup déterminé par le sort qui doit être enduré.»

"J'ai été élevé à croire que la façon dont je me voyais était plus importante que la façon dont les autres me voyaient.»

"Seulement quand il a cessé d'avoir besoin de choses, un homme peut vraiment être son propre maître et ainsi exister réellement.»

"Il n'y a pas de bonheur pour les gens au détriment des autres.»

"La terre est immortelle, car elle abrite les mystères de la création.»

"Que chaque fille, chaque femme, que chaque mère ici [en Israël]—et là bas dans mon pays [l'Egypte]—sachent que nous résoudrons tous nos problèmes par la négociation autour de la table plutôt que par le déclenchement d'une guerre.»

LES CARTES

L'Egypte sur la Carte du Monde

L'Egypte sur la Carte du Monde Arabe

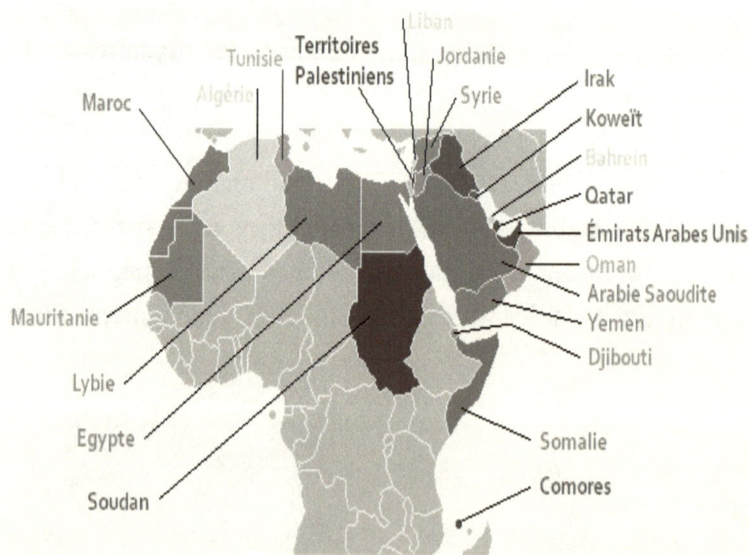

L'Egypte sur la Carte de l'Afrique

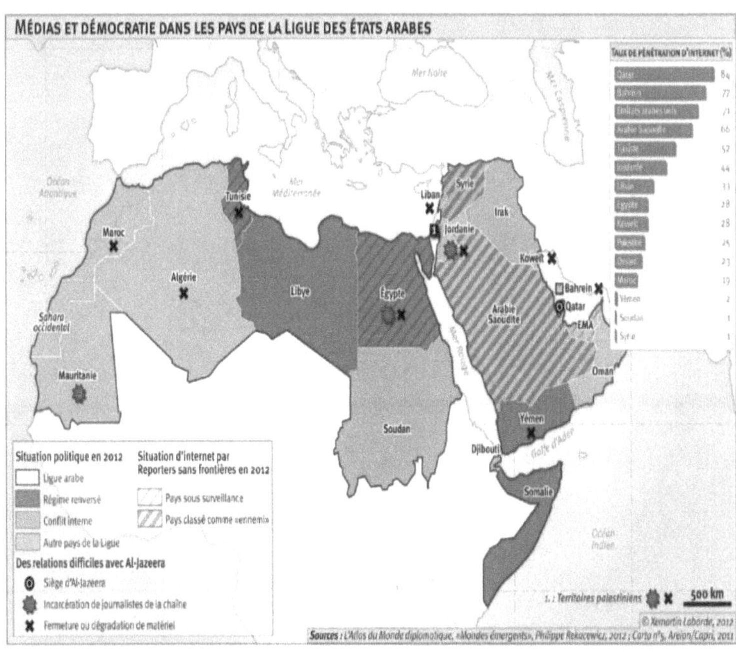

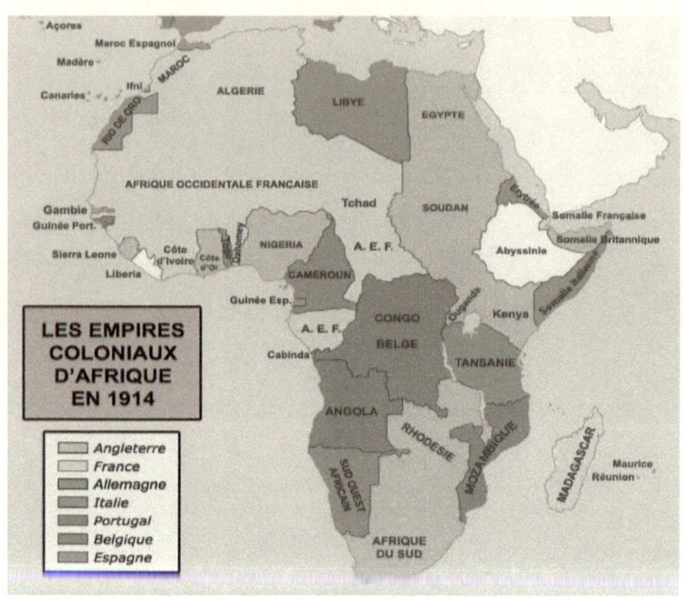
Açores
Maroc Espagnol
Madère
Canaries
Ifni
MAROC
RIO DE ORO
ALGERIE
LIBYE
EGYPTE
AFRIQUE OCCIDENTALE FRANCAISE
Tchad
SOUDAN
Erythrée
Somalie Française
Gambie
Guinée Port.
Somalie Britannique
Sierra Leone
Côte d'Ivoire
Côte d'Or
Dahomey
NIGERIA
A. E. F.
Abyssinie
Liberia
CAMEROUN
Guinée Esp.
A. E. F.
CONGO BELGE
Ouganda
Kenya
Somalie Italienne
Cabinda
TANSANIE
ANGOLA
RHODESIE
MOZAMBIQUE
MADAGASCAR
Maurice
Réunion
SUD OUEST AFRICAIN
AFRIQUE DU SUD
LES EMPIRES COLONIAUX D'AFRIQUE EN 1914
Angleterre
France
Allemagne
Italie
Portugal
Belgique
Espagne

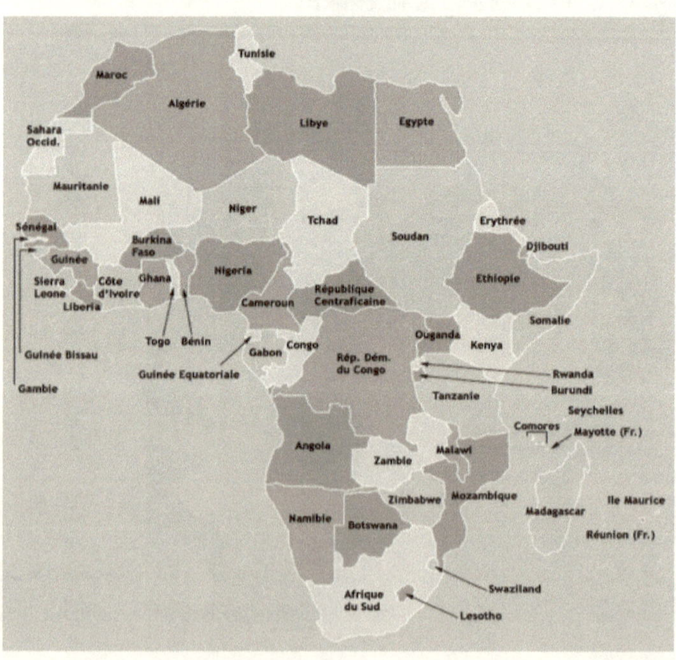
Tunisie
Maroc
Algérie
Libye
Egypte
Sahara Occid.
Mauritanie
Mali
Niger
Tchad
Soudan
Erythrée
Sénégal
Djibouti
Guinée
Burkina Faso
Sierra Leone
Côte d'Ivoire
Ghana
Nigeria
Ethiopie
Liberia
Togo
Bénin
Cameroun
République Centraficaine
Somalie
Guinée Bissau
Gabon
Congo
Guinée Equatoriale
Rép. Dém. du Congo
Ouganda
Kenya
Rwanda
Burundi
Tanzanie
Seychelles
Comores
Mayotte (Fr.)
Angola
Zambie
Malawi
Mozambique
Ile Maurice
Zimbabwe
Madagascar
Namibie
Botswana
Réunion (Fr.)
Swaziland
Afrique du Sud
Lesotho

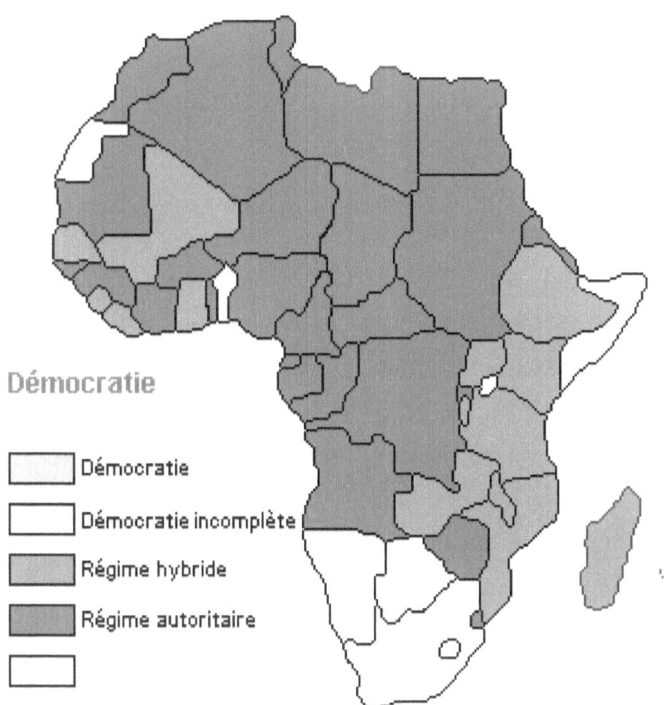

Démocratie
Démocratie
Démocratie incomplète
Régime hybride
Régime autoritaire

Anouar el-Sadate est né en Haute-Egypte le 25 Décembre 1918, dans une famille de 13 enfants, et a grandi à 40 miles au nord du Caire à une époque où l'Egypte était un protectorat Britannique. Le statut de l'Egypte sous le contrôle de l'Empire Britannique est venu de la dette écrasante qui a forcé le gouvernement Égyptien à vendre ses intérêts dans le canal de Suez au gouvernement Britannique — le canal de Suez était conçu par les Français.

Construit entre 1859 et 1869, le canal de Suez est une voie d'eau artificielle au niveau de la mer en Egypte qui relie la mer Méditerranée à la mer Rouge à travers l'isthme de Suez. Le canal offre aux embarcations un trajet plus court entre l'Atlantique Nord et le nord de l'océan Indien, réduisant ainsi le trajet d'environ 7 000 kilomètres (4 300 milles). En fait, les Britanniques et les Français avaient utilisé les ressources du canal pour établir un contrôle politique suffisant sur l'Egypte qu'il était logique de désigner l'Egypte comme une colonie Britannique.

Sadate serait grandement affecté par quatre personnages dans sa jeunesse—Zahran du village natal de Sadate qui a été pendu par les Britanniques pour une émeute qui a entraîné la mort d'un officier Britannique; Kemal Atatürk qui a créé l'état moderne de la Turquie des cendres de l'Empire Ottoman; Mohandas (Mahatma) Gandhi qui avait prêché le pouvoir de la non-violence dans la lutte contre l'injustice lors d'une tournée en Egypte en 1932; et enfin Adolf Hitler, que Sadate considérait comme quelqu'un qui pourrait aider à débarrasser l'Egypte du contrôle colonial Britannique.

Quand les Britanniques ont créé une école militaire en Egypte en 1936 à la suite d'un accord avec le Parti Égyptien Wafd, Sadate est devenu l'un de ses premiers étudiants. Après sa graduation, le gouvernement l'a posté au Soudan où il a rencontré Gamal Abdel Nasser, avec qui, avec plusieurs autres officiers subalternes, il a formé en secret les Officiers Libres, un mouvement consacré à la révolution qui libérerait l'Egypte et le Soudan de la domination de la Grande Bretagne et la corruption de la monarchie. Cette association politique les mènerait éventuellement à la présidence Égyptienne.

Sadate serait emprisonné deux fois pour ses activités révolutionnaires pendant la Seconde Guerre Mondiale. C'était précisément pour ses efforts pour obtenir l'aide des puissances de l'Axe (Italie et Allemagne) pour expulser les Britanniques. Après sa sortie de prison, il a renoué avec Nasser seulement pour découvrir que leur mouvement s'était considérablement développé pendant les années qu'il était sous l'incarcération. Le 23 Juillet 1952, l'Organisation des Officiers Libres renversa le Roi Farouk et mit fin à la monarchie Égyptienne dans un coup d'état militaire qui déclencha la Révolution Égyptienne de 1952. Par la suite, il devint ministre des relations publiques et lieutenant de confiance de Nasser. Sadate, travailleur et concentré, accomplirait l'ordre de Nasser de superviser l'abdication officielle du Roi Farouk.

C'est au cours des années au pouvoir de Nasser que Sadate a appris le dangereux jeu de la construction de la nation dans un monde de rivalités de superpuissance. Ils ont conduit l'Egypte à devenir un pays "non-aligné", d'où l'une des principales nations que les sociétés sous-développées et postcoloniales admiraient. Nasser et Sadate survivront à la guerre de 1956 après la nationalisation du canal de Suez par Nasser, ce qui incitera les Britanniques, les Français et les Israéliens à lancer une attaque contre l'Egypte afin de prendre le contrôle du canal des mains Égyptiennes. La guerre de 1956 ne prendra fin qu'après que les États-Unis d'Amérique auront contraint la Grande-Bretagne, la France et Israël à retirer leurs forces d'Egypte. Les deux camarades ont exploité la guerre au point que l'Egypte a émergé de cette guerre comme un champion des pays non-alignés pour résister aux grandes puissances.

****

Nasser connaîtrait un revers majeur de la Guerre des Six Jours en 1967, lorsque l'armée Israélienne a complètement détruit les forces aériennes Égyptiennes et paralysé l'armée Égyptienne en tuant au moins des 3 000 soldats et en occupant la péninsule du Sinaï jusqu'à Suez Canal. Le résultat de la guerre a mis à rude épreuve l'économie Égyptienne et a failli ruiner le gouvernement. Ce qui était encore plus décourageant pour Nasser était la désunion croissante entre les nations Arabes chamailleuses et les mouvements Palestiniens grandissants. Sa mort le 29 Septembre 1970, à la suite d'une crise cardiaque, a résulté de sa santé déclinante causée par la défaite de l'Egypte lors de la guerre Israélo-Arabe de 1967.

Appelé "Caniche Noir de Nasser" par certains Égyptiens de haut rang, Sadate était sous-estimé lorsqu'il a succédé à Nasser. Cependant, il a prouvé lui-même au cours des 11 prochaines années être un chef astucieux de son peuple. Quand il offrit ouvertement aux Israéliens un traité de paix en échange de la péninsule du Sinaï capturée par Israël lors de la guerre de 1967, beaucoup, surtout dans le monde Arabe, furent pris de court. Pourtant, il surmonterait la crise intérieure et les intrigues internationales qui ont tourmenté sa présidence. Il ferait en sorte que l'Union Soviétique le prenne au sérieux en les expulsant après qu'ils aient échoué à reconstituer les réserves militaires épuisées de l'Egypte, puis en rétablissant les relations avec eux.

Israël et les territoires arabes capturés lors de la guerre de 1967

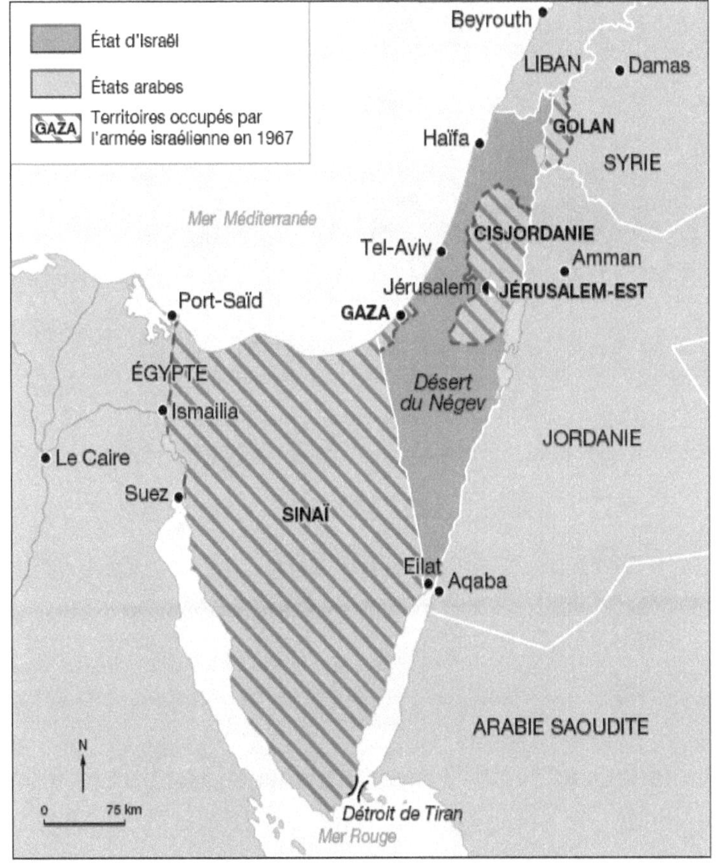

La Carte d'Israël et les Territoires Arabes Occupés après 1967

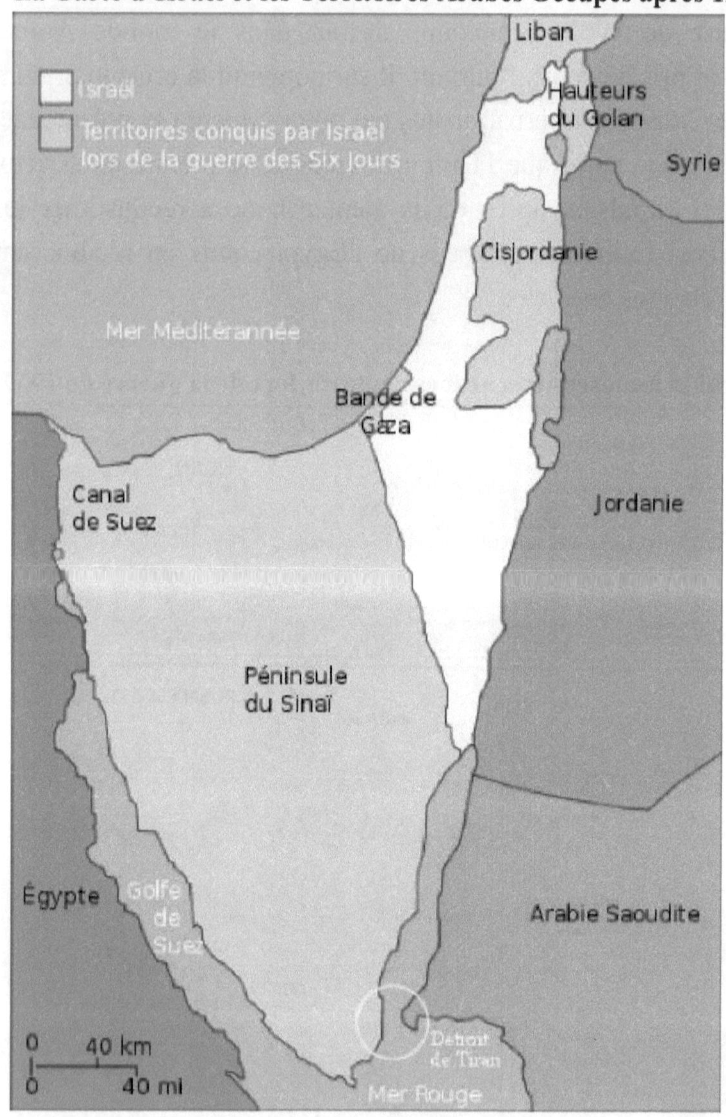

Quand le 6 Octobre 1973, Sadate a attaqué Israël dans le but de reprendre la péninsule du Sinaï après que l'Etat Juif ait continué à refuser l'initiative de paix Égyptienne, c'était son plus grand pari militaire et politique. Cela a porté ses fruits car une excellente précision militaire a permis à l'armée Égyptienne de traverser le canal de Suez dans le Sinaï, où elle a commencé à conduire l'armée Israélienne dans le désert. Même si les succès de la guerre ont été de courte durée et qu'une grande partie des gains de l'armée Égyptienne ont été inversés, l'attaque a créé un nouvel élan pour la paix en Egypte et en Israël, les deux États sont sortis de la guerre, fatigués par la guerre, avec des économies malmenées et une idée de leur proximité avec leur sort. Cependant, la guerre a suscité l'attention et les préoccupations de la communauté internationale, en particulier des États-Unis d'Amérique qui craignaient une plus grande instabilité au Moyen-Orient et en Afrique du Nord.

****

Sadate est sorti de la guerre convaincue que la paix avec Israël récolterait un énorme "dividende de la paix", et ainsi initié son plus important pari diplomatique en affirmant dans un discours au parlement Égyptien en 1977, qu'il irait n'importe où pour négocier un accord de paix. Les Israéliens l'ont pris à ses mots en l'invitant à le faire - s'adresser au parlement Israélien connu sous le nom de Knesset, ce qu'il a fait, initiant ainsi un nouvel élan pour la paix qui aboutira finalement aux accords de Camp David de 1978 et l'Egypte et Israël signant un traité de paix final en 1979. Lui et le Premier ministre Israélien Menahem Begin recevront le prix Nobel de la paix cette année pour leurs efforts dans la réalisation de la paix entre leurs deux Etats.

Même si le traité de paix avec Israël a permis à l'Egypte de récupérer le Sinaï et même si elle fournit l'aide des pays occidentaux, l'aide qui a aidé l'économie Égyptienne à se redresser et même prospérer, le traité de paix avec Israël a laissé l'Egypte délaissée par le reste du monde Arabe. Le confort de Sadate avec l'Occident et le traité de paix avec Israël ont également suscité beaucoup d'opposition au sein du pays, en particulier parmi les groupes des fondamentalistes Musulmans dans l'Egypte. Même s'il a amélioré la vie quotidienne de l'Égyptien commun, même s'il a fait de la charia la base de toutes les nouvelles lois Égyptiennes, et même s'il cherchait à rétablir le calme en promulguant des lois interdisant la protestation, le fondamentaliste Musulman ne serait pas satisfait.

C'est ce mécontentement qui a conduit à l'assassinat de Sadate le 6 Octobre 1981, lors d'un défilé militaire célébrant le succès de la traversée de Suez par l'armée Égyptienne lors de la guerre de 1973 contre Israël. Son vice-président, Hosni Moubarak lui succéderait.

Trois États-Unis. Les présidents Gerald Ford, Jimmy Carter et Richard Nixon assisteraient aux funérailles de Sadate. Le seul chef d'Etat Arabe à rendre son dernier hommage au dirigeant Égyptien assassiné était Gaafar Nimeiry du Soudan, une décision qui lui coûterait cher car il serait renversé par les islamistes le 6 Avril 1985.

Même si la démarche audacieuse de Sadate pour faire la paix avec Israël lui a coûté la vie et conduit à l'expulsion de l'Egypte de la Ligue Arabe, elle a ouvert la voie à de futures négociations entre Israël et le reste du monde Arabe. La signature du traité de paix entre Israël et la Jordanie en 1994, faisant de la Jordanie le deuxième pays Arabe à conclure la paix avec Israël, doit beaucoup à la paix pionnière que Sadate a menée l'Egypte à signer avec Israël. Aujourd'hui, Israël a développé des liens non-diplomatiques avec plusieurs autres pays Arabes et est reconnu par plusieurs pays Musulmans.

Sadate est honoré en Malaisie où il est un Grand Commandeur Honoraire de l'Ordre du Défenseur du Royaume.

****

Aujourd'hui, près de quatre décennies après la mort d'Anouar Sadat, si vous demandez à des Égyptiens qui l'ont connu, qui ont expérimenté sa règle ou qui ont appris de sa vie et sa mort, ce qu'ils pensent de son héritage, vous obtiendrez probablement une gamme variée de réactions comme certaines des vues tenues sur un homme fascinant qui a dirigé un pays complexe pendant un moment compliqué dans l'histoire de la région la plus problématique du monde. Cependant, les émotions que vous verrez le plus sur leurs visages sont celles qui reflètent le respect, la gratitude et la douleur. La plupart des Égyptiens laïques embrassent son héritage, estimant qu'il était un dirigeant audacieux, un visionnaire, un réaliste, un pragmatiste, une personne humaine et un véritable patriote non encombré par l'idéalisme. Au contraire, la plupart de ceux qui pensent qu'il a laissé un héritage négatif, sont convaincus qu'il a trahi la cause Arabe en faisant une paix séparée avec Israël, qui promet seulement plus de violence à l'avenir, et que la prospérité qu'il a promet suivra la signature d'u traité de paix

Israélo-Égyptien à Camp David aux Etats-Unis a été surclassé. En fait, il y a d'autres Égyptiens qui vont jusqu'à attaquer les fondements de son caractère, prétendant qu'il était souvent trompeur, vaniteux et indolent, et qu'il faisait même de temps en temps le bouffon, surtout à ses supérieurs.

Alors que la plupart des experts s'accordent à dire que le prédécesseur de Sadate, Gamal Abdul Nasser, a jeté les bases pour la création de l'Etat égyptien moderne, Sadate a complété la fondation de l'Egypte moderne et a façonné le développement interne et externe du pays —socio-économique et politique, d'une manière très fondamentale, en mettant l'Egypte sur une trajectoire que pratiquement aucun autre leader égyptien ou mouvement politique ne peut détourner le pays de ce chemin. Et il l'a fait ça à un moment où la plupart des régimes Arabes étaient tombés dans la «dégénérescence morale et politique, libérant ainsi l'Egypte de leurs politiques en faillite.

Les critiques de Sadat, en particulier les plus sévères comme les islamistes (La Société des Frères Musulmans en particulier) qu'il avait réprimé, le tiennent pour responsable de la difficulté de la démocratie en Egypte. Certains d'entre eux le considèrent même comme un administrateur incompétent qui s'est moqué de la loi en réprimant ses adversaires réels ou imaginaires, et qui a favorisé la corruption parmi son cercle intérieur et son cercle extérieur.

Quelle que soit la position prise par une critique de Sadate, une chose qui ne peut pas être contestée est le fait qu'il a hérité d'une Egypte de Gamal Abdul Nasser partiellement occupé par Israël, vaincu, en faillite, et fortement dépendant sur l'Union Soviétique; et il a laissé un pays plus dynamique et plus sûr.

Selon certains experts, Anouar Sadate était un visionnaire qui comprenait que la paix avec Israël était inévitable, que le reste du monde Arabe et le reste du monde Musulman se viendraient à réaliser ça un jour et feraient la paix avec Israël, et que plus vite cela serait fait, le meilleur. Il ne parvint pas à convaincre ses homologues Arabes et Musulmans de se joindre à ses ouvertures de paix, et il a conclu, seul, un traité de paix avec Israël qui apportait des dividendes à l'Egypte, mais qui lui valut le ressentiment des mondes Arabe et Musulman.

Aujourd'hui, Anouar Sadate est justifiée. Israël est plus sécurisé militairement, économiquement et socialement. Sa population a presque quadruplé et les peuple Juif sont plus implantés en Cisjordanie occupée et sur le Plateau du Golan qu'auparavant. Au contraire, les positions des mondes Arabe et Musulman vis-à-vis l'établissement de la paix avec l'Israël ont évolué au point où l'opinion dominante est qu'ils se sont adoucis énormément. La destruction d'Israël n'est plus une position dominante, et les sujets auparavant tabous sont maintenant des sujets de négociation. Cependant, à l'évidence, les réalités sur le terrain en Israël et dans les territoires occupés des Plateau du Golan, de Gaza et de Cisjordanie changent chaque jour en faveur des Israéliens qui s'opposent à un accord impliquant le commerce des terres capturé pendant la guerre de Six Jours de 1967 pour la paix avec leurs voisins. Ce sont principalement des Israéliens de droite qui étaient une minorité dans les années 1970, mais dont le nombre augmentent chaque jour.

Chronologie de l'État d'Israël en cartes, 1947-2010

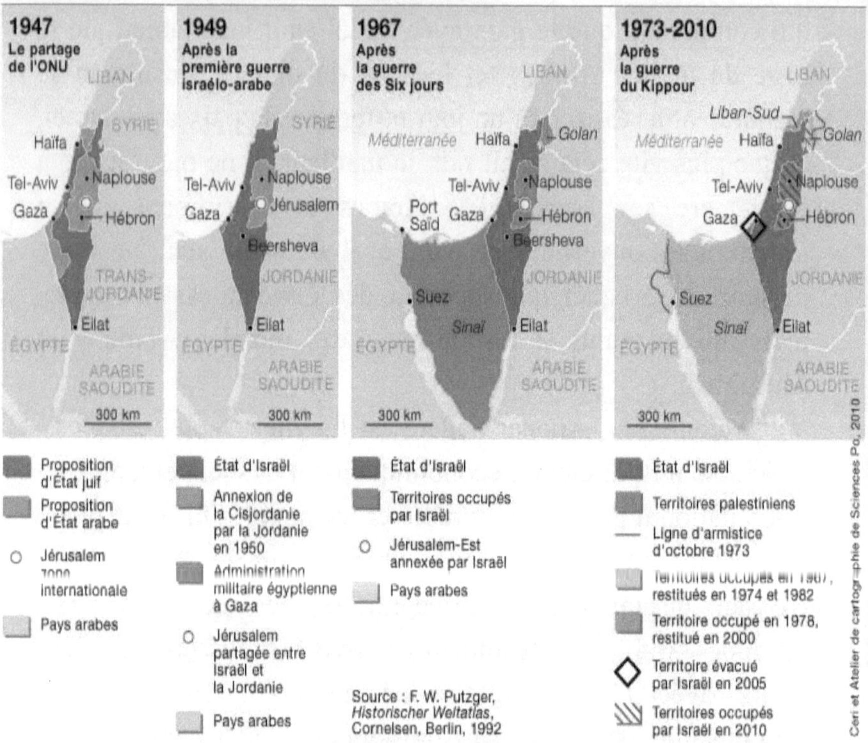

1947
Le partage
de l'ONU

1949
Après la
première guerre
israélo-arabe

1967
Après
la guerre
des Six jours

1973-2010
Après
la guerre
du Kippour

Légendes:

1947
- Proposition d'État juif
- Proposition d'État arabe
- ○ Jérusalem zone internationale
- Pays arabes

1949
- État d'Israël
- Annexion de la Cisjordanie par la Jordanie en 1950
- Administration militaire égyptienne à Gaza
- ○ Jérusalem partagée entre Israël et la Jordanie
- Pays arabes

1967
- État d'Israël
- Territoires occupés par Israël
- ○ Jérusalem-Est annexée par Israël
- Pays arabes

Source : F. W. Putzger, *Historischer Weltatlas*, Cornelsen, Berlin, 1992

1973-2010
- État d'Israël
- Territoires palestiniens
- — Ligne d'armistice d'octobre 1973
- Territoires occupés en 1967, restitués en 1974 et 1982
- Territoire occupé en 1978, restitué en 2000
- ◇ Territoire évacué par Israël en 2005
- Territoires occupés par Israël en 2010

Indice de Démocratie: l'Afrique et le Monde

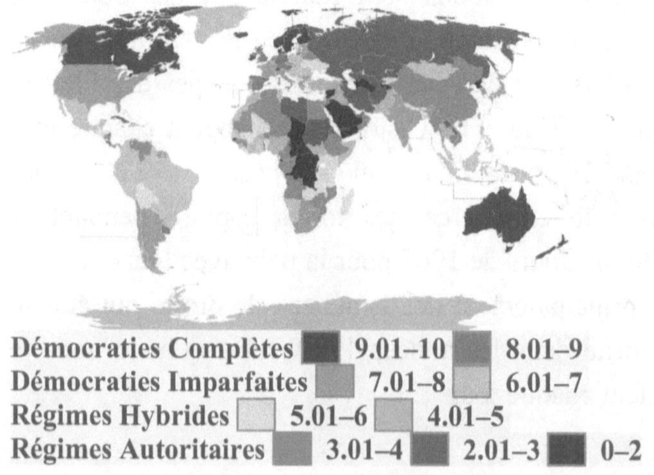

Les Pays D'Afrique